누구나 필요한* 공감능력 훈련워크북

박관성 지음

국민대학교 출판부
KOOKMIN UNIVERSITY PRESS

차 례 | Contents

제1부 상 담

제2부 공 감

제3부 공감능력훈련

누구나 필요한* 공감능력 훈련워크북을 내면서

상담심리사 2급 수련 마지막 날 아침 식사로 껍질에 작은 구멍이 하나씩 있는 삶은 달걀이 나왔다. 학회장님께서는 달걀을 들어 보이시며, 알이 부화 되기 직전 부리로 한 번 쪼아서 병아리가 세상으로 알을 깨고 나오도록 돕는 어미 닭처럼 상담자의 역할을 상징화하였다고 설명하셨다.

우리 집 강아지처럼 집만 지키던 15년 차 전업주부가 늦깎이로 상담에 입문하고 첫 번째 자격증을 위해 갔던 곳에서 구멍 뚫린 삶은 달걀을 손에 들고 들여다보며 소름이 돋았고 영혼이 깨어나는 경험을 하였다. 그러고 보니 나도 나를 둘러싼 선배 어미 닭의 도움으로 상담 세상에 나왔다.

어언 20여 년의 시간이 흘러 이제 나도 누군가의 알껍질을 쪼아주는 어미 닭이 되었다. 정말 어미 닭이 된 것일까? 늘 회의스럽기만 한 것도 사실이다. 상담자로, 또 교육자로 역할을 하고 있지만, 부족함을 느끼기는 그때나 지금이나 마찬가지다. 그냥 알 속의 병아리가 부러울 때도 있다. 내가 상담 공부를 시작하고 한참이 지나서도 나의 슈퍼바이저께서는 나의 부족함을 늘 염려스러워 하셨는데 지금은 나아졌을까?

나는 하고 싶은 욕망으로 무엇을 하는 것보다 숙제로 하는 것이 더 익숙하긴 하다. 그래서 가능하였을 것이다. 사실 어떤 조직에서 조직원으로 생계를 유지하는 경우, 능력이 부족해도 시간이 흐르면 성장이 당연하다는 듯 해내야 하는 숙제들이 있다. 이 워크북도 숙제로 쓰기 시작하였다. 원고를 보면 볼수록 부족한 점이 너무 많아서 인쇄소로 보내는 것이 두렵다. 하지만 숙제이니 부끄럽지만 제출해야 할 것이다.

상담교육현장에서 학생들과 사례를 연구하다 보면 내가 병아리 때 하던 실수를 그들도 똑같이 하는 것을 발견한다. 내담자를 공감하는 문제에서는 더더욱 그렇다. 상담자로서 내담자를 '공감'하는 것은 어렵지만 반드시 익혀야만 하는 중요한 기술? 이다. 간혹 공감 교육을 한 번 참여하면 그냥 숨을 쉬듯 자연스럽게 해내는 학생들이 있기도 하지만, 대부분 수련생은 '공감'에 어려움을 느낀다. 그런데 이 공감은 초보 상담자들이 만들 수 있는 상담 효과의 상당한 부분을 차지한다.

인간의 보편적인 삶인 '관계'에 필요한 것이 무엇일까? 특히 내담자들의 세계는 더더욱 무언가 부족함이 많다. 무엇이 부족한 걸까? 이에 대한 답이 '공감'이라고 생각한다. 제목에 "*"을 '누구나 필요한' 옆에 쓴 이유이기도 하다. 공감은 상담하는 사람만이 아닌 누구에게나 필요하다. '공감'은 사람을 성장하게 하는 능력이다.

누구나 필요한* 공감능력 훈련워크북에 지금 상담자로 깨어나고 있는 병아리 상담자들이 훗날 나처럼 부끄러워하지 않았으면 하는 소망을 담아본다. 누구나 필요한* 공감능력 훈련워크북은 깊이 있는 연구업적이 아니라 이제 막 상담에 입문한 예비 상담자들에게 상담의 필요조건인 공감을 이해하고 공감능력을 향상할 수 있도록 꾸민 워크북이다. 다수의 기존 상담 교과서에 실려있는 내용을 담았고 아직 안내서도 마련되지 않은 단순 형태의 워크북이다. 그래도 이것을 사용하는 예비 상담자(수련생)들에게 작은 도움이 되기를 바란다.

숙제를 허락하신 하나님께 먼저 깊은 감사를 드린다. 숙제의 주제를 준 이수진 교육대학원 원장님과 숙제의 시작을 할 수 있도록 함께한 김은영 박사님 고맙습니다. 그리고 누구보다도 오늘까지 내가 성장하도록 힘을 실어준 남편, 두 딸 그리고 천국에 계신 부모님들도 고맙습니다.

2020년 2월

저자 박 관성

PART 1

상 담

제1장 상담을 이해하다

제1장 상담을 이해하다 는 초보상담자들이 상담을 실제로 진행할 때 반드시 알고 있어야 할 내용입니다. 이미 알고 있는 상담의 정의, 상담의 가치, 상담의 촉진적 측면, 상담의 목표, 상담을 찾는 이유, 상담 관계, 상담 과정을 상담자에게 깊이 있게 내재화할 수 있도록 한 번 더 확인합니다. 제시된 내용을 하나하나 따라가면서 자신에게 철저하게 적용하도록 합니다.

1. 상담

1) "내가 생각하는 상담이란?" 어떤 것인지 글로 작성해보세요.

상담의 정의

- 상담자와의 안전한 관계에서 내담자가 과거에 부정했던 경험을 다시 통합하여 새로운 자기로 변화하는 과정(Rogers, 1952)[1].
- 도움이 필요한 사람(내담자)이 전문적 훈련을 받은 사람(상담자)과의 대면관계에서 생활과제의 해결과 사고. 행동 및 감정의 측면의 인간적 성장을 위해 노력하는 학습과정이다(이장호, 2014)[2].
- "상담이란 한 사람이 다른 사람을 도와 감정을 탐색하고 통찰을 받고, 그 사람의 삶에서 변화를 이끌어 내도록 하는 것"으로 상담자와 내담자는 바람직한 결과를 위해 함께 작업할 때 상담자는 과정을 이끌고 내담자는 무엇을 언제, 어떻게 변화하고 싶은지를 결정한다(Clara Hill, 2014).
- 전문적 훈련을 받은 상담자와 도움이 필요한 내담자가 상담활동의 공동주체로서 내담자의 자각확장을 통해 문제 예방, 발달과 성장, 문제해결을 달성함으로써 그의 삶의 질을 향상하기 위해 함께 노력하는 조력과정이다(노안영, 2018).

1) 이장호, 이동귀(2014). 상담심리학 p2.
2) 이장호, 이동귀(2014). 상담심리학 p3.

2) 내담자가 상담을 찾는 이유는 무엇이라고 생각하는지 글로 작성해보세요.

상담을 찾는 이유

- **생활의 변화**

이제까지 살아오면서 같은 방법으로 시도하다가 해결하지 못한 것을 새로운 방법으로 시도하도록 하여 생활의 변화를 가져온다.

- **문제 해결**

해결되지 않았던 문제에 대하여 문제의 원인을 찾고 이해하여 문제를 해결하여 편안한 상태가 된다.

- **행복 찾기**

주관적 웰빙, 희망, 낙관주의, 직업윤리와 소명의식 개발, 사랑하고 용서하는 능력, 배려, 이타성, 미와 예술에 대한 음미, 책임, 자기결정성, 용기, 인내, 절제, 미래지향적 가치적 자세, 독창성, 창조성, 재능, 시민의식, 영성, 지혜를 포함한다.

- **자기 이해 및 성장**

이제까지 인지하지 못하던 내적 자원을 사용하게 되어 스스로 생각하고 행동하고 느낄 수 있는 능력을 기르게 된다.

- **삶의 질 향상**

자신에 대한 보다 긍정적인 지각을 발달시킨다.

- **관계 개선**

불편하게 지내던 친구, 가족과 이제까지와는 다른 관점에서 바라 볼 수 있는 것이 가능해지며 편하게 지낼 수 있다.

- **진로문제 도움**

진로선택에 어려움을 있거나, 다양한 역할수행이 부담스럽거나, 부적응적인 정서로 선택의 어려움이 편해지는 경험을 하게 된다.

3) '과연 상담은 내담자에게 도움이 될까요?' 그렇다고 생각되면 그 이유를 작성해보세요.

상담의 촉진적인 측면

- 정신적으로 괴로움을 겪는 사람에게 지지(support)와 위안(relief)을 제공할 수 있다.
- 상담과정을 통해 내담자들은 새로운 방법으로 스스로를 이해하게 되어 통찰을 얻을 수 있다.
- 실존적인 문제에 대처하는 데 도움을 준다.
- 내담자는 더 효율적인 삶을 살고 자신의 잠재력을 발휘할 수 있는 기술을 배울 수 있다.
- 개인의 인생에 지침을 만들어 가는 것을 도울 수 있다.
- 내담자가 다른 사람에게 어떻게 보이는지, 다른 사람이 말하기 어려운 것을 피드백을 통해 내담자에게 말해 줄 수 있다.
- 재부모역할(reparenting)을 통해 내담자가 타인과 건강하고 파괴적이지 않은 친밀한 관계를 형성하는 데 도움을 준다.
- 어려움을 겪는 사람은 상담과정에서 상담자와의 무조건적 긍정적이며 일관적이고 진정성 있는 대화를 통해 공감적 이해를 제공 받는다.

Gate-keeper

상담자들은 우리 사회에서 상담의 긍정성을 알리고, 전문적인 도움을 받는 것에 대한 부정적인 생각을 바꾸도록 힘써야 하며, 도움이 필요한 사람들이 적절한 도움을 받을 수 있도록 노력해야 한다.

4) 만약 상담이 해를 끼칠 수도 있다고 생각된다면 그 이유를 작성해보세요.

상담의 잠재적인 문제점

대부분의 상담은 상당한 효과가 있다. 그러나 몇 가지 잠재적인 위험이 있으므로 상담자가 되고자 훈련을 받는 수련생 및 초보상담자는 주의해야 한다.

- 상담은 사람들에게 부적응적인 상황이나 관계를 지속하도록 안식처를 제공하기도 한다.
- 타인의 도움 없이 자신의 감정을 탐색하거나 자기 인생의 변화를 만들어 내지 않으면서 상담자에게 의존성을 높일 수 있다. 특히 상담자의 개인적인 문제로 내담자의 의존성을 만들 수도 있다.
- 상담자가 자신의 가치(관)를 내담자에게 강요할 수도 있다.
- 상담자가 자신의 능력 밖의 문제를 다루는 것도 문제가 된다.
- 상담자는 서로 맞지 않는 내담자와 함께하는 것이 어려울 수 있다.

상담에 오는 것이 두려운 이유

자신이 심리적인 어려움을 겪고 있다고 지각하거나, 상담에 가는 것이 부정적으로 지각되는 고통보다 현재 문제로 겪는 고통이 클 때 사람들은 상담을 받고자 한다. 그러나 다수의 사람은 상담에 대해서 긍정적인 생각보다는 부정적인 생각을 가지고 있으므로 아래와 같은 이유로 상담받기를 꺼린다.

- 상담을 받는 사람은 문제가 있는 사람이라고 가정해서 수치스럽게 여긴다.
- 상담을 받으면 자신이 약한 사람이 된다고 여기기도 한다.
- 자신의 문제를 이해해 줄 수 있는 사람이 없다고 여기면서 도움 요청을 꺼린다.
- 자신이 다른 사람들에게 평가받는 것을 싫어하기 때문이기도 하다.
- 정신병자라는 꼬리표가 붙을까 봐 두려워한다.

5) 상담의 목표란 무엇이고, 어떻게 설정하는지 작성해보세요.

상담목표

슈퍼비전을 받기 위해 사례 보고서를 작성할 때만 계획하고 작성하는 것이 상담목표는 아니다. 상담을 통해 상담자와 내담자가 이루어 내야 하는 것을 상담자는 내담자와 합의하여 목표를 설정해야 한다. 이런 내담자별 맞춤 목표는 내담자의 문제해결에 도움이 되어 내담자 삶에 질적 변화를 가져올 것이다. 상담자에게는 목표를 달성함으로써 상담자 효능감이 향상하여 상담자로서의 성장에 도움이 된다.

내담자마다 문제가 다르고 해결하는 방법도 모두 달라서 상담목표는 내담자마다 다르다.

아래에는 상담 현장에서 사용하는 목표를 상위차원의 영역으로 묶어서 살펴보겠다.

- 내담자가 가져온 문제를 해결한다.
- 내담자가 상담을 통해서 환경에 대해 적응을 하도록 한다.
- 스스로 돌볼 수 있는 능력 배양한다.
- 삶의 질을 높일 수 있는 결과를 도출한다.
- 내담자의 발달 및 문제해결 능력의 효율성을 향상하게 시킨다.
- 잠재적으로 발생 가능한 문제 발생을 예방한다.
- 정신건강의 회복으로 인한 사랑과 일을 할 수 있는 능력을 갖추게 한다.

6) 상담에서 중요하게 여기는 '가치'에는 어떤 것이 있는지 작성해보세요.

상담에 필요한 가치

- 존중

존중이란 자신이나 상대방을 바라보는 방법을 의미한다. 상담에서의 존중에는 '해가 되지 말 것', '유능해지고 최선을 다할 것', '내담자를 위해 존재한다는 사실을 느끼게 할 것', '내담자의 선의를 생각할 것', '내담자가 원하는 것에 초점을 맞출 것'과 같은 규칙이 있다.

- 공감

Kohut은 '공감이 없다면 심리적 생존이 불가능한 영양소'라고 말할 정도로 공감은 중요한 가치이자, 철학이며 종교적 의미를 띈다.

- 진솔

진솔은 존중과 마찬가지로 상담자가 지녀야 할 태도 및 행동을 의미한다. 진솔한 상담자는 제 일에 대해서 도움을 강조하지 말아야 하며, 방어적 태도를 피해야 한다.

- 자기책임

내담자의 자기책임을 의미하는 것으로 상담 결과에 대한 자세로서의 가치이다. 상담자는 내담자의 자기책임을 약화하지 않으면서 영향력을 행사해야 한다. 상담자는 상담을 진행할 때 다음의 주의점을 숙지해야 한다.

  - '내담자 스스로 변화될 능력을 갖추고 있다.'라는 전제로 상담을 시작한다.
  - 내담자를 희생자로 보지 않아야 하고, 상담과정을 개방해야 한다.
  - 내담자가 상담받는 시간을 작업 시간으로 보도록 인도해야 한다.
  - 상담을 자연스럽고 양방향의 영향과정으로 보도록 해야 한다.
  - 상담보다 학습에 초점을 맞추어야 한다.
  - 내담자를 지나치게 연약한 존재로 보지 말아야 한다.
  - 내담자의 자기 치유적 능력을 존중해야 한다.

- 행동지향

내담자가 상담과정이나 일상적인 삶에서 더욱 효율적인 주체로서 살도록 돕는 것을 의미한다. 즉 내담자의 행동과 재량에 변화를 맡겨야 한다는 것과 실생활에 초점을 맞추어야 한다는 내용을 포함한다.

7) 상담자-내담자의 상담관계는 어떠해야 한다고 생각하는지 작성해보세요. 상담자-내담자의 상담관계는 일반적인 대인관계와 어떻게 다르다고 생각하는지도 작성해보세요.

____

____

____

____

____

____

상담관계

상담과정에 있어서 상담자-내담자의 관계는 상담의 성과를 좌우할 만큼 중요하다. Egan(2008)은 상담자와 내담자의 관계는 그 자체만으로도 상담의 긍정적 성과를 만드는 데 충분하며, 목표 달성의 수단으로써 중요하다고 강조한다. 상담과정에서의 상담자-내담자 관계는 상담이론에 따라서 다른 성격을 내포하는 명칭을 갖는다.

정신분석적 상담 입장에서는 작업동맹, 인지상담 입장에서는 협력관계, 행동주의 상담에서는 재학습과정, 인간중심상담에서는 라포(rapport)라고 일컬어진다. 그러나 모든 상담자-내담자의 상담 관계는 신뢰감을 기본으로 한다. 신뢰감 형성은 전문성과 공감을 기초로 하지만 무엇보다 관계는 유연해야 한다.

내담자들은 상담에서 도움을 받았다고 지각하는 방식은 그 어떤 전문적인 도움보다 무엇보다도 "이해와 지지받는 느낌"이라고 보고를 한다. 상담관계 그 자체가 치료적이며 상담성과에 있어서도 상담자-내담자 관계는 그 이상도 이하도 아닌 관계의 질이 효과의 정도이며, 관계는 상담 전부라고 연구들은 확인해준다(Gelso & Carter, 1994).

겔소와 카터는 상담관계는 실제 관계, 작업동맹, 전이와 역전이로 구성된다고 이론화하였다. 현실적으로 사실적인 실제 관계와 작업동맹과는 반대되는 개념으로 전이와 역전이를 포함하는 점에 초보 상담자들은 늘 주의를 해야 한다.

2. 상담과정

1) 상담과정은 어떤 단계로 진행되는지 알고 있는 지식을 글로 작성해보세요.

Clara Hill(2014)의 상담과정

개인상담 과정은 일반적으로 초기, 중기, 종결의 3단계로 나누지만, 학자에 따라 다르게 제안한 내용을 아래에 소개한다.
클라라는 자신의 저서 「상담의 기술」에서 오랜 임상경험을 바탕으로 상담과정을 탐색, 통찰, 실행의 3단계로 제안하였다. 단계마다, 상담이론이 포함되어 있으며 상담자들이 내담자를 상담할 때 어떤 논리로 그리고 어떻게 그 단계의 상담을 수행해야 하는지 자세하게 설명을 한다. 단계마다 저자는 인간에 대한 이해와 이를 설명하는 상담이론을 제시하며 탐색, 통찰, 실행의 3단계를 설명한다.
인간은 자신의 생리학적 특성과 환경에 영향을 받으며, 주요타인과 어린 시절에 경험하는 애착과 자존감 발달이 한 인간의 삶에 결정적이지는 않지만 중요하다. 인간은 자유의지가 있어서 세상의 요구에 대해서 대처하는 방법으로 방어전략을 발달시킨다. 내담자들이 자신의 과거에 학습된 사건과 생리적인 기질을 없애기는 어렵지만 이를 스스로 수용하면 적응할 수 있다.
그래서 저자는 내담자에게 내재한 잠재력과 가지고 있는 것을 최대한 활용하며, 생리적인 것과 과거 경험, 외부 상황의 한계 내에서 어떻게 살아갈 것인가를 선택하며 살아갈 수 있도록 돕기 위한 상담 절차를 개발하였다. 한마디로 상담 모든 과정의 절차에 대해 카커프의 말을 인용하여 "'내려와서 안으로' 그리고 '일어나서 나가는'", 즉 자기 자신을 이해하고, 다음 세상으로 나가도록 돕는다는 상담의 방향성을 탐색, 통찰, 실행의 3단계로 제안한다.

탐색단계에서 상담자는 신뢰감 형성을 통해 자신의 감정을 표현하고 복잡한 문제에 관한 생각을 표현하는 기회를 제공한다. 내담자가 자신의 이야기를 할 수 있도록 격려하여 자기 생각과 감정을 탐색하게 하며, 자신의 감정을 불러일으키게 한다. 상담자는 내담자의 공명판(reflection)이나 거울의 역할을 하여 내담자가 자신을 개방할 수 있도록 한다. 즉 내담자의 개방을 도와 자신의 문제에 대해 방어 없이 표현하면서 자신을 이해하게 한다. 이러한 과정은 상담자가 내담자의 관점으로 내담자를 더 잘 이해하게 된다.

통찰단계에서 상담자는 내담자와 신뢰로운 협력관계를 만들어 내담자가 자신의 내재한 경험에 관한 새로운 통찰이나 이해 그리고 자신의 문제를 지속시키는 패턴을 새롭게 자각할 수 있도록 한다. 협력관계를 통해 내담자가 자신의 내재화된 활동에 관해 새로운 통찰과 이해, 패턴을 자각하도록 한다. 통찰은 내담자 자신의 문제에 대해서 새로운 면과 적합한 책임감과 통제능력의 가능성을 보도록 돕는다. 상담자의 피드백을 통해 내담자는 더 깊은 수준의 자각과 이해를 할 수 있게 된다. 통찰단계에서 상담자는 감정이입과 협력적 자세뿐 아니라 상담자의 생각을 제공하기도 한다. 때때로 상담과정에서 떠오르는 문제를 작업한다.

실행단계에서 상담자는 내담자가 의사결정을 할 수 있도록 방향을 안내하고 그들 스스로 새로운 것을 시도하여 자신의 삶에 반영하도록 변화시키도록 한다. 상담자는 내담자가 의사결정을 할 수 있도록 방향을 안내하고 새로운 것을 시도하여 내담자가 자신의 삶에 반영하여 변화를 꾀하도록 한다. 또한, 변화를 위한 기술을 가르치며 새로운 행동을 시도하는 내담자를 위해 전략을 세우고 타인의 피드백을 요청한다.

종합적으로 삶을 긍정적으로 변화시키고 행동에 관한 생각과 느낌을 내담자가 탐색하도록 도와주는 안내자 한마디로 탐색은 내담자가 통찰에 이르도록 하게 하며, 깊은 통찰은 내담자가 실행하도록 하는 모델을 의미한다.

단계마다 저자가 제시하는 전반적인 전략과 기술은 다음과 같다. 탐색단계에의 전략적 목적은 내담자의 비언어적인 것에 주의를 기울이고 내담자의 언어적, 비언어적으로 내담자들이 말하는 것을 잘 들어야 한다. 그리고 사고와 저항을 자세히 조사하여 사고탐색을 하도록 격려해야 하며, 상담자가 내담자의 감정, 감정반영, 감정의 개방을 통해 감정 탐색을 고무 시켜야 한다. 통찰단계의 전략적 목적은 상담자가 도전, 통찰, 파고듦, 해석, 즉시성으로 내담자의 자각을 증진시킨다. 실행단계의 전략적 목적은 내담자의 변화된 사고를 탐색할 수 있도록 하여 내담자가 실행계획을 수행하도록 한다.

	전략적 목표	목표를 촉진하는 주요한 기술
탐색	• 비언어적인 것과 비언어적인 것에 주의집중 및 경청 • 내담자의 사고탐색 • 내담자의 감정 탐색	• 눈 마주치기, 표정, 고개 끄덕이기, 몸의 자세, 몸의 움직임, 공간, 문법 형식, 침묵, 간섭하지 않음, 최소한의 격려어, 승인-재확인 • 다시 말하기 • 생각에 대한 개방적 질문 • 감정 반영하기 • 감정 노출시키기 • 감정에 대한 개방형 질문
통찰	• 도전을 통한 내담자의 자각 능력 증진 • 파고들기, 해석으로 통찰 촉진 • 상담자는 즉시성 기술을 사용하여 돈독한 치료적 관계 형성	• 도전 • 직면 • 통찰을 위한 개방형 질문 • 해석 • 통찰의 개방화 • 즉시성
실행	• 내담자의 변화된 사고를 탐색 • 실행하기 위한 내담자의 계획을 선택 지원 • 행동에 대한 감정을 처리하도록 돕기	• 행동에 대한 개방형 질문 • 정보 제공 • 내담자에 대한 피드백 • 조언 과정 • 직접적 안내 • 전략의 개방

Corey와 Corey(2004)의 상담과정

Corey와 Corey(2004)는 그들의 저서 「좋은 상담자 되기」에서 작업 관계수립, 내담자 문제 확인, 내담자가 목표 설정하도록 돕기, 내담자의 탐색과 행동에 옮기기, 격려하기와 종결의 5단계를 그리고 단계마다 각각 달성해야 하는 구체적 과업을 제시한다. 단계마다 상담자는 단계에 상응하는 구체적 기술을 갖추어야 하는 도전을 받도록 하였다.

첫 단계 작업 관계수립은 상담자는 작업 관계수립을 위하여 신뢰와 공식적 합의와 구조화를 기초로 관계를 수립하도록 한다. 두 번째 단계에서 상담자는 내담자 문제 확인을 위하여 정보를 수집하고 내담자에 대한 평가를 수행한다. 세 번째 단계 내담자가 목표 설정하도록 돕기에서 상남자와 내담자는 구체적인 변화의 내용을 결정하여 협조적으로 목표를 수립해야 한다. 네 번째 단계 내담자의 탐색과 행동에 옮기기, 격려하기에서 대안을 탐색하고 행동을 위한 전략을 확인하고 확인된 전략들이 목표 달성을 하도록 하는 프로그램을 만든다. 다섯 번째 단계 종결에서는 종결로 내담자가 학습한 것을 공고히 하고 장기적 계획을 수립하도록 한다.

Richard Nelson-Jones(2017)의 상담과정

라차드 넬슨-존스는 그의 저서 「기초상담기술」에서 RUC(Relating - Understanding - Changing)라는 도움 모형을 제안하였다.
1단계는 '관계 맺기(relating)'로 동맹관계 수립을 시작하며, 2단계는 '이해하기(understanding)'로 문제 상황에 대한 내담자 상담자의 이해 명료화 및 확장이 필요하며, 3단계는 '변화하기(changing)'로 보다 효과적으로 문제 상황을 심도 있게 다룰 수 있도록 내담자를 도와야 한다.

단계	명칭	과업	세부과업
1	관계 맺기	동맹관계 수립시작	• 정보수집 여부 결정 • 구조화 여부 결정 • 능동적 경청 • 정서적 안전 공간 확보 • 호소문제의 명료화
2	이해하기	문제 상황에 대한 내담자, 상담자의 이해의 명료화와 확장의 필요성	• 문제상황에 대한 명료화 • 의사소통패턴이 드러나도록 돕기 • 정신과정을 이끌어내기 위한 질문
3	변화하기	효과적으로 문제상황을 심도 있게 다룰 수 있도록 내담자에게 협조 요청	• 목표설정 • 의사소통전략개발 • 유익한 변화 유지 • 행동 계획 개발 • 코칭이나 역할놀이

Gerald Egan(2008)의 상담과정

Egan은 그의 저서 「상담모델」에서 상담과정을 3단계로 설정하여 단계마다 3개의 과제를 배치하였다.

제1단계는 현재 모습으로 변화가 요구되는 핵심주제의 명료화 단계로 내 삶에 어떤 일이 일어나고 있는가? 혹은 나의 주요 관심사는 무엇인가? 에 답을 해야 한다. 이를 위해 내담자는 자신의 이야기를 털어놓아야 하며, 상담자는 새로운 관점에서 자신의 이야기를 건설적으로 재구성하도록 도와야 하며, 내담자의 삶에 가장 영향을 미칠 문제를 다루어야 한다.

제2단계는 원하는 모습으로 문제에 대처할 목표를 탐색, 선택 및 수립하는 단계이다. 이를 위해 상담자는 내담자가 상상력을 동원하여 더욱 나은 미래의 가능성을 최대한 찾도록 도와야 한다. 전 단계에서 상담자는 내담자가 찾은 주요 문제와 잡지 못한 기회에 대한 해결책이 될 현실적인 도전 목표를 선택하도록 돕는다. 또한, 내담자가 변화 계획을 실천할 유인책을 찾도록 돕는다.

제3단계는 목표 달성을 위한 전략 및 계획을 수립한다. 상담자는 내담자가 목표 달성에 도움이 될 전략을 탐색하도록 하며, 내담자의 자원에 맞는 전략을 선택하도록 돕고, 선택한 전략을 실행 가능한 계획으로 짜도록 돕는다.

단계	목표	무엇을 하나?	과제
1	현재 모습	이야기를 털어놓게 하기	• 내담자가 자신에 관한 이야기를 가능한 한 분명하게 털어놓도록 돕는다. • 내담자가 새로운 시각을 갖도록 돕는다. • 내담자의 삶에 가장 영향을 미칠 문제를 선정한다.
2	앞으로 바라는 모습	목표를 찾고 선택하고 결정하도록 돕기	• 더욱 나은 미래의 가능성을 최대한 찾도록 돕는다. • 내담자가 문제해결 목표를 선택하도록 돕는다. • 내담자가 더 나은 미래를 향해 뛰어들 유인책을 발견하도록 돕는다.
3	미래 설계	목표를 달성할 전략과 계획을 수립하도록 돕기	• 목표를 달성하게 할 전략들을 최대한 찾도록 돕는다. • 최적의 전략을 선택하도록 돕는다. • 전략을 실행 가능한 계획으로 옮기도록 돕는다.

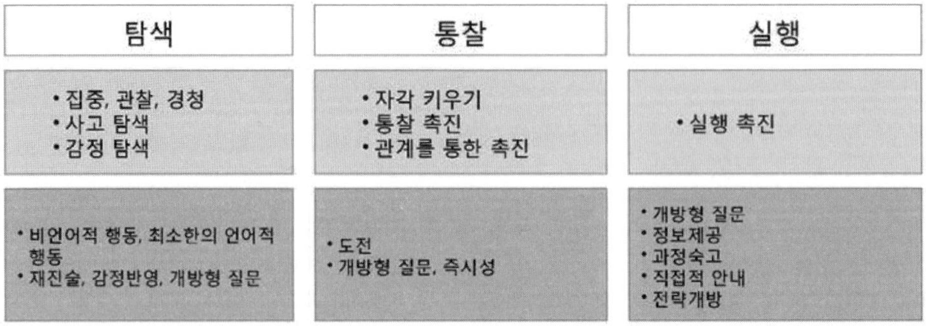

[그림 1] 클라라 힐의 탐색, 통찰, 실행의 3단계 모델

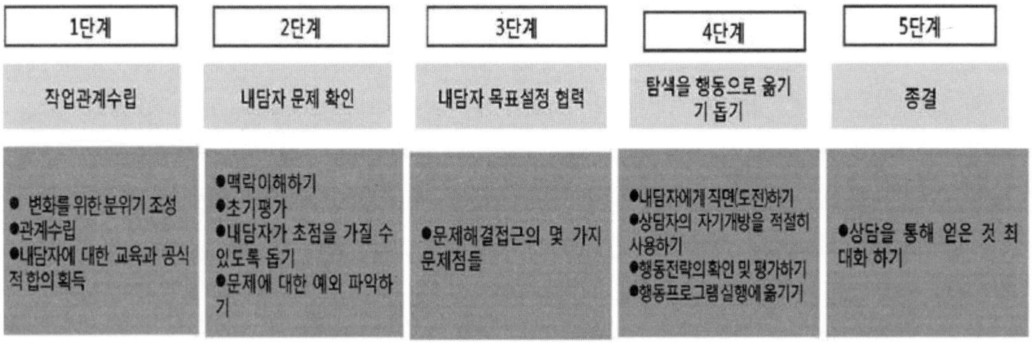

[그림 2] 코리와 코리의 5단계 모델

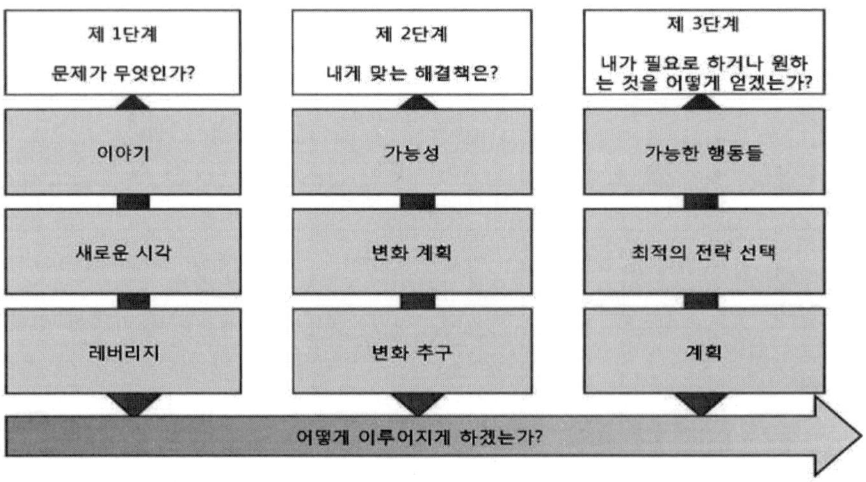

[그림 3] 이건의 3단계 모델

단계	제 1단계 관계 맺기(relating)	제 2단계 이해하기(understanding)	제 3단계 변화하기(changing)
주요 작업	동맹관계 수립 시작	문제 상황에 대한 상담자와 내담자의 이해 명료화 및 확장	보다 효과적으로 문제 상황을 심도 있게 다룰 수 있도록 내담자 조력

[그림 4] 넬슨-존스의 3단계 모델

2) 위의 상담과정을 진행하기 위해서 상담자가 갖추어야 하는 것에는 어떤 것들이 필요하지 작성해보세요.

상담의 실제에 필요한 기술

유능한 상담자들에게는 공통적인 몇 가지 특성이 있다. 연구에 의하면 주의 깊게 듣고, 공감하며, 판단하지 않고, 내담자가 사고와 감정을 탐색하도록 격려한다. 내담자가 문제에 대하여 새로운 시각을 갖도록 도움을 주고, 삶을 향상하기 위한 실천을 하도록 동기를 유발하도록 한다. 또한, 모호함을 잘 견디고, 애매한 상황을 지각하고 정보를 처리하는 능력이 있다고 확인되었다.

이처럼 상담자들은 인간적인 태도와 상담기술을 갖추어야 한다. 상담기술을 배우면 상담 장면에서뿐 아니라 현실에서도 친구나 가족과도 좋은 관계를 유지하며, 더욱이 그들이 어려울 때 도울 기회를 제공하기도 한다.

상담자에게 필요한 세 가지 주요요소로써 상담기술, 상담의 촉진적 조건과 상담자 자기지각의 필요성 가운데 촉진적 조건과 자기지각에 관한 설명을 제시한다.

촉진적 조건

클라라 힐은 상담자가 상담을 촉진 시킬 수 있는 조건으로서 공감, 열정, 협동을 강조한다.

공감은 내담자를 인지적으로 또 정서적으로 이해하는 것을 포함하며, 진실하게 또 비판적이지 않게 내담자를 수용하는 것이다. 상담자는 내담자와 같은 내담자의 고통, 두려움, 걱정, 기쁨과 같은 감정을 느낄 수 있지만, 공감은 단순히 반응하는 기술만을 의미하지 않는다. 상담에서의 공감의 위치는 하나의 상담기술이 아닌 상담의 촉진적 조건으로 이해하여야 한다.

열정은 아무런 편견 없이 고통스러움에 대하여 개방적으로 지각하는 것으로 공감이나 이해와는 다르게 친절하게 사랑하는 것을 의미하기도 한다.

마지막으로 협동작업은 상담자가 내담자와 상담을 진행할 때 협력적으로 작업을 하는 것을 의미한다. 상담자는 내담자의 인생에 대하여 전문가가 아니라 단지 내담자의 감정을 탐색하는 과정을 촉진하는 데 있어서 전문가일 뿐이기 때문이다.

결론적으로 상담에서의 촉진적 조건은 상담자의 공감적이고 열정적이며 협력적인 능력으로 이해를 하면 된다.

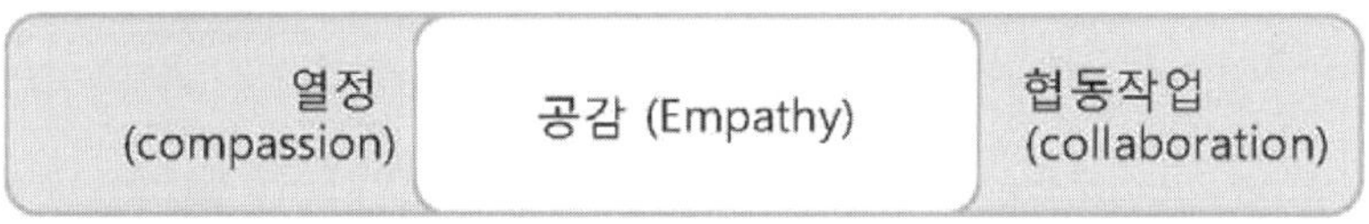

자기지각

스티픈 코비(Stephen Covey)는 자기지각, 양심, 자율 의지, 창의적 상상력이라는 4가지 요소가 윤리의식을 높이는 인간의 자질이라고 보았다.

그중에 하나인 자기지각은 윤리적으로 긍정적인 영향력을 끼치는 요소이다. 자기지각은 상담기술을 실행하는 과정에서 자기 평가를 할 때 기본적으로 필요한 특성이다. 상담자들은 상담과정에 영향을 미치는 사람이기 때문에 더더욱 자기지각이 필요하다. 상담자는 자연스럽게 자신의 방식대로 내담자에게 반응하지만, 그러한 자신의 반응이 자신의 개인적 문제를 반영한 것은 아닌지, 내담자에게 어떤 영향을 미치는지를 확인해야 한다.

자기지각이란 개인의 안정된 특성으로서 자기앎(self-knowledge), 자기통찰(self-insight)로 혹은 여기-지금에서의 상담자의 민감성으로 고조된 자기초점

(self-focus)으로 보기도 한다. '나는 누구인가?' 혹은 '나는 지금 이 순간 무엇을 느끼고 있는가?' 라는 문장으로 설명할 수 있다. 무의식적인 행동(언어, 비언어)이기는 하지만 상담의 목표를 달성하기 위해서 상담자는 자신의 무의식적인 행동조차도 의식해야 한다. 이는 결코 쉽게 그리고 곧 해낼 수 있는 것은 아니다. 상담자들에게 자기앎이나 자기통찰력을 높이기 위한 전략으로 상담(교육분석)과 자기반추적(self-reflection) 태도가 도움이 될 것이다.
자기지각 능력을 향상하기 위해서 의도적인 노력을 해야 한다. 예를 들면 조용한 공간에서 모든 기기를 끈 상태로 자신의 몸에 집중하여, 긴장을 이완시킨 후 명상을 하도록 한다.
둘째, 자기 열정은 자기 자신을 사랑하는 것을 의미한다고 보면 되는데, 이 능력을 향상하기 위해서 자신에게 과도하게 엄하게 굴지 말고 불완전한 자신을 허용하도록 노력해야 한다. Neff(2011)의 「자기열정」이라는 제목의 도서가 도움이 될 것이다.
셋째, 자신이 느끼는 감정이 어디서 오는지 탐색하고 통찰을 얻도록 해야 한다. 일단 이런 감정이 상담자의 과거로부터 기인하여 현재의 삶과 특히 상담에 영향력을 미친다는 것을 알고 이해하게 되면, 그것을 통제할 수 있게 된다.
넷째, 회기 중 갑자기 걱정이나 두려움으로 자기지각이 방해를 받으면 경청이나 공감적 이해가 안 될뿐더러 글씨쓰기나 숨을 쉬기가 힘들어진다든가 하면서 방해를 받게 된다. 이럴 때는 말을 다소 천천히 하면서, '음~ , 생각할 시간이 필요하다고 말하도록 한다. 그리고 자기 자신이 완벽할 수 없다는 것을 받아들이고 괜찮다고 하는 혼잣말을 하도록 한다. 이런 후 내담자에게 초점을 맞추도록 하면 된다.
다섯째, 슈퍼비전을 받고 상담한 회기를 검토하거나 건강한 생활 습관을 갖도록 한다.

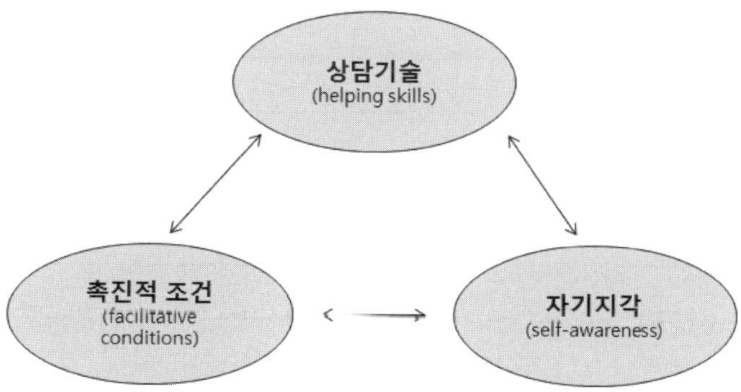

[그림 5] 상담자에게 필요한 것들

3) 앞서 설명한 여러 학자의 상담과정 모델을 참고하여 여러분이 실제로 12회기 상담을 계획한다면 어떻게 회기를 구성할지 생각해보고 작성해보세요.

내용					
회기	Clara Hill	Gerald Egan	Corey & Corey	Nelson-Jones	나(　　)
1	탐색	1단계			
	관계 맺기	치료관계형성			
2					
3					
4					
5					
6					
7					
8					
9					
10					
11					
12					

단기상담

오늘날 상담자의 수에 비해 상담을 받고자 원하는 사람들이 많아지면서 이에 대한 해결책으로 학교와 같은 대부분의 무료상담 기관에서는 내담자 문제의 경중과는 상관없이 보통 12회기 내외로 상담 기간을 제한하는 경우가 많다. 초보 상담자가 상담에서 내담자의 심리적인 문제를 다루어서 상담의 효과를 보기에는 많이 부족한 회기이다. 그러나 여러 가지 맥락상 단기상담이 전반적인 추세라는 사실을 수용해야 한다. 따라서 초보 상담자들은 이런 현실에서 12회기 전후 회기를 어떻게 구성하여야 하는지 고민을 해야 한다.
초보 상담자들은 내담자의 중도탈락(drop-out)을 경계해야 하며, 이를 위해 내담자들이 상담에 지속해서 오게 하는 전략을 구상하도록 한다.

<표 1> 각 이론가의 상담과정을 12회기로 나눈 상담 회기 구성(안)

상담 회기	1회	2회	3회	4회	5회	6회	7회	8회	9회	10회	11회	12회
Hill	탐색	탐색	탐색	탐색	탐색	통찰	통찰	통찰	실행	실행	실행	실행
Corey	1	2	3	4	4	4	5	5	5	5	5	5
Egan	1	1	1	2	2	2	2	3	3	3	3	3
Jones	1	1	2	2	2	2	3	3	3	3	3	3
본 그림은 저자가 위 학자들의 이론에 근거하여 12회기 상담 구조를 나누어 본 것임.												

제2장 상담자를 꿈꾸다

제2장에서는 상담수련생들이 알고 있는 상담에 관한 기본 지식을 점검하는 것을 목적으로 한다.

상담수련생의 상담자효능감 측정, 상담자 상담동기탐색, 상담전문성 영역, 상담자 윤리, 상담 훈련 영역에 관한 내용을 준비하였다.

상담자의 기본을 갖추기 위하여 제시된 것이므로 솔직하고 철저하게 적용하도록 한다.

질문을 따라가며 자신만의 답을 빈칸에 꼭 써가면서 훈련에 임하기 바랍니다.

1. 상담자 자기효능감 측정

1) 누가? 어떤 사람이 상담자로 적절한지? 에 관해 어떻게 생각하는지 작성해 보세요.

상담자로 태어나기?

상담 교육 현장에서 공감능력훈련을 하다 보면 많이 힘들다고 하면서 "공감능력은 타고 태어난다고 하는데, 공감능력이 낮은 사람이 상담자가 되고 싶은 꿈을 이룰 수 있을까요? 상담능력은 타고 태어나나요?"라는 회의 찬 질문을 듣게 된다. 이럴 때마다 나는 "이런 말이 있죠. 천재는 1%의 천부적 자질과 99%의 노력으로 만들어진다고. 상담자도 마찬가지 아닐까요?"라고 대답을 한다.
성공 경험, 모델링, 설득과 신체와 정신의 건강성에 의해 자기효능감은 향상된다. 자신의 능력에 맞는 상담목표설정과 달성, 좋은 슈퍼바이저에게 훈련과 격려를 받는 환경과 자기관리에 의한 건강 상태 유지는 초보 상담자들이 상담자로 태어나기 위한 필수조건이라 할 수 있다. 따라서 상담 임상훈련을 통해 성공 경험을 쌓고, 좋은 상담자 밑에서 훈련을 받으며, 자기관리를 적절하게 한다면 능력 있는 상담자로 성장할 것입니다.
그런데도 Clara Hill은 도움(helping)을 베풀고 제공하는 모든 사람에게 그들이 정신건강 전문가가 되기 위한 전문적인 훈련을 받기 전까지 상담자(counselor)라는 단어사용을 조심스러워한다. 훈련을 받고 자격증을 받기 전까지 타인을 돕는 사람을 헬퍼(helper)라는 호칭으로 부르기를 제안한다.
따라서 공감능력 훈련워크북에서는 전문 상담자를 목표로 훈련을 받는 사람을 수련생으로 호칭한다.

2) 다음은 '상담자 활동 자기효능감 척도'입니다. 문항을 읽고 자신에게 해당하는 곳에 표시하세요.

번호	문항	①전혀 확신하지 않는다. 완전히 확신한다.⑩
1	내담자가 전하는 메시지를 포착하고 이해한다.	① ② ③ ④ ⑤ ⑥ ⑦ ⑧ ⑨ ⑩
2	내담자의 감정을 강조하면서 내담자의 진술을 반복하거나 바꿔 말해 준다.	① ② ③ ④ ⑤ ⑥ ⑦ ⑧ ⑨ ⑩
3	내담자의 생각이나 느낌을 명료화하거나 탐색하도록 도와주는 질문을 한다.	① ② ③ ④ ⑤ ⑥ ⑦ ⑧ ⑨ ⑩
4	내담자가 말한 것을 간결하고 구체적이며 분명하게 반복하거나 바꿔서 말해준다.	① ② ③ ④ ⑤ ⑥ ⑦ ⑧ ⑨ ⑩
5	신체적으로 당신의 몸을 내담자에게로 향한다.	① ② ③ ④ ⑤ ⑥ ⑦ ⑧ ⑨ ⑩
6	자료, 의견, 사실, 자원 또는 질문에 대한 답변 등을 내담자에게 제시하거나 가르친다.	① ② ③ ④ ⑤ ⑥ ⑦ ⑧ ⑨ ⑩
7	내담자가 취할 행동을 암시하는 제안, 지시 또는 조언 등을 내담자에게 제공한다.	① ② ③ ④ ⑤ ⑥ ⑦ ⑧ ⑨ ⑩
8	내담자가 회기와 회기 사이에 시도할 치료 과제를 개발하여 제시한다.	① ② ③ ④ ⑤ ⑥ ⑦ ⑧ ⑨ ⑩
9	내담자의 통찰을 위한 상담자 자기개방(개인적인 통찰을 얻었던 상담자 자신의 과거 경험에 대해 털어놓는다.	① ② ③ ④ ⑤ ⑥ ⑦ ⑧ ⑨ ⑩
10	내담자가 인식하지 못하고 있거나 혹은 바꾸고 싶어 하지 않거나 바꿀 수 없는 불일치, 모순, 방어, 비합리적 신념 등을 지적해준다.	① ② ③ ④ ⑤ ⑥ ⑦ ⑧ ⑨ ⑩
11	상담자의 성장사, 자격, 혹은 느낌과 같은 사적인 정보를 드러낸다.	① ② ③ ④ ⑤ ⑥ ⑦ ⑧ ⑨ ⑩
12	치료적 관계, 내담자와의 관계 또는 내담자에 대한 당신 자신의 즉각적인 느낌을 털어놓는다	① ② ③ ④ ⑤ ⑥ ⑦ ⑧ ⑨ ⑩
13	내담자가 자기 생각과 느낌에 접촉할 수 있도록 침묵한다.	① ② ③ ④ ⑤ ⑥ ⑦ ⑧ ⑨ ⑩
14	내담자가 겉으로 말한 것 이상을 얘기해 주어 내담자의 행동, 사고, 느낌을 새롭게 바라보게 한다.	① ② ③ ④ ⑤ ⑥ ⑦ ⑧ ⑨ ⑩
15	내담자가 현실적인 상담목표를 세우도록 돕는다.	① ② ③ ④ ⑤ ⑥ ⑦ ⑧ ⑨ ⑩
16	내담자가 자기 생각, 느낌 및 행동을 이해하도록 돕는다.	① ② ③ ④ ⑤ ⑥ ⑦ ⑧ ⑨ ⑩
17	회기 중 당신의 의도(즉, 개입 목적)에 대해 인식하고 있다.	① ② ③ ④ ⑤ ⑥ ⑦ ⑧ ⑨ ⑩
18	상담이 엉뚱한 방향으로 진행되지 않도록 상담회기의 흐름을 유지하고 초점을 맞춘다.	① ② ③ ④ ⑤ ⑥ ⑦ ⑧ ⑨ ⑩
19	내담자가 말한 다음에 무엇을 말해야 할지 또는 어떻게 해야 할지 안다.	① ② ③ ④ ⑤ ⑥ ⑦ ⑧ ⑨ ⑩

번호	문항	①전혀 확신하지 않는다. 완전히 확신한다.⑩
20	내담자가 자신의 사고, 느낌 및 행동을 탐색하도록 돕는다.	① ② ③ ④ ⑤ ⑥ ⑦ ⑧ ⑨ ⑩
21	매 순간 내담자가 필요로 하는 것에 기초해 최선의 조력 기술로 반응한다.	① ② ③ ④ ⑤ ⑥ ⑦ ⑧ ⑨ ⑩
22	내담자가 자신의 문제에 대해 어떤 행동을 취할지 결정하도록 돕는다.	① ② ③ ④ ⑤ ⑥ ⑦ ⑧ ⑨ ⑩
23	내담자나 내담자의 문제에 대해 명확히 사례 개념화를 한다.	① ② ③ ④ ⑤ ⑥ ⑦ ⑧ ⑨ ⑩
24	내담자가 "깊은" 수준에서 자신의 고민거리에 관해 이야기하도록 돕는다.	① ② ③ ④ ⑤ ⑥ ⑦ ⑧ ⑨ ⑩
1	당신에게 성적으로 매력을 느끼는 내담자	① ② ③ ④ ⑤ ⑥ ⑦ ⑧ ⑨ ⑩
2	자살을 생각하고 있는 내담자	① ② ③ ④ ⑤ ⑥ ⑦ ⑧ ⑨ ⑩
3	심각한 사고 혼란의 징후를 보이는 내담자	① ② ③ ④ ⑤ ⑥ ⑦ ⑧ ⑨ ⑩
4	최근 외상적 생활 사건(신체적, 심리적 상처 혹은 학대)을 경험한 내담자	① ② ③ ④ ⑤ ⑥ ⑦ ⑧ ⑨ ⑩
5	성적으로 끌리는 내담자	① ② ③ ④ ⑤ ⑥ ⑦ ⑧ ⑨ ⑩
6	회기 중 교묘하게 당신을 통제하고 당신에게 영향을 행사하려는 내담자	① ② ③ ④ ⑤ ⑥ ⑦ ⑧ ⑨ ⑩
7	상담자 개인적으로도 다루기 어렵다고 느끼는 문제를 호소하는 내담자	① ② ③ ④ ⑤ ⑥ ⑦ ⑧ ⑨ ⑩
8	당신이 제공하고 있는 것보다 더 많은 것을 원하는 내담자 (만난 횟수, 문제해결 등)	① ② ③ ④ ⑤ ⑥ ⑦ ⑧ ⑨ ⑩
9	상담에서 교착상태에 빠진 내담자	① ② ③ ④ ⑤ ⑥ ⑦ ⑧ ⑨ ⑩
10	성적으로 학대를 받아온 내담자	① ② ③ ④ ⑤ ⑥ ⑦ ⑧ ⑨ ⑩
11	극도로 불안한 내담자	① ② ③ ④ ⑤ ⑥ ⑦ ⑧ ⑨ ⑩
12	당신에게 부정적인 반응(예, 지루함, 성가심)을 가지게 만드는 내담자	① ② ③ ④ ⑤ ⑥ ⑦ ⑧ ⑨ ⑩
13	당신과 현저하게 다른 내담자(예, 인종, 민족, 성별, 나이, 사회계층 등)	① ② ③ ④ ⑤ ⑥ ⑦ ⑧ ⑨ ⑩
14	자신의 내면에 주의를 기울이지 못하는 혹은 자신을 성찰하지 못하는 내담자	① ② ③ ④ ⑤ ⑥ ⑦ ⑧ ⑨ ⑩
15	임상적으로 심각한 수준의 우울을 경험하고 있는 내담자	① ② ③ ④ ⑤ ⑥ ⑦ ⑧ ⑨ ⑩
16	당신의 가치나 믿음과 충돌되는 핵심적인 가치나 믿음을 소유하고 있는 내담자(예, 종교, 성역할)	① ② ③ ④ ⑤ ⑥ ⑦ ⑧ ⑨ ⑩

채점: 1-24문항 총점 (　　　) 1-16문항 총점(　　　)

탐색기술, 활동기술, 통찰기술　　상담자 활동 자기효능감 척도

2. 상담자가 되고 싶었던 동기

1) 위대한 심리학자들도 그들이 상담의 길로 들어서는데 구체적인 동기들이 있었다. 나의 동기를 확인하기 위해 앞서간 학자들의 동기를 알아봅시다.

그들의 동기

- Freud의 동기

Freud는 학창 시절 궁핍한 가정의 독서를 많이 하고 공부를 열심히 하는 학생이었으나 사회적 진출에 제약이 많았던 Freud는 자연을 찬미하는 괴테의 수필을 읽고 의대에 진학하여 의사가 되었다. 여러 교수 밑에서 연구를 진행하며 학업을 계속하는 가운데, Josef Breuer를 만나 히스테리 증상에 관한 이야기에 접하게 된다. 이후 경제적인 이유로 학교에 남지 않고 신경과 의사로 개업을 한다. 프랑스에서 연수할 당시 Charcot을 만나 최면 치료를 접하게 되며 무의식의 중요성을 인식하는 계기가 된다.

- Rogers의 동기

대학에서 역사학으로 학위를 받은 후 신학대학에 진학 후 작은 교회에서 설교할 기회를 얻은 Rogers는 자신의 의견을 타인에게 강요하는 것이 싫어한다는 것을 알게 되며 목사가 되는 것에 혼란을 느낄 즈음 근처 대학에서 임상심리 과목을 수강하게 되면서 감명을 받고 심리학으로 전공을 바꾸게 된다.

- Beck의 동기

아동기에 여러 가지 질병으로 고생을 하게 된 Beck은 불안과 공포를 경험하면서 학교 결석을 자주 하게 되었다. 이로 인해 성적이 부진하여 유급하게 되는 데 뒤처지는 것을 싫어하였던 Beck은 노력으로 성적을 향상하게 시키고 우수한 학업성적을 계속 거두고 대학에 진학해 영문학과 정치학을 전공하였다. 이후 정신과에 흥미를 느껴 의과대에 진학하였지만, 정신분석적 접근에 흥미를 곧 잃게 되었다. 이후 병원에 신경과의 전공의로 들어갔으나 정신과 전공의가 부족한 병원의 상황으로 인해 정신과 순환 근무를 하게 되면서 정신과에 점차 호의적인 태도를 보이게 되면서 정신과에 남기로 한다.

2) 상담자가 되기 위한 나의 구체적인 계기 또는 동기를 작성해보세요.

• 앞 페이지 대가들의 동기를 읽고 자신이 알고 있는 다른 상담자들의 동기를 기억하면서, 처음 상담자가 되고 싶다고 결심했던 상황을 잠시 눈을 감고 떠올려 봅니다. 가능하면 구체적으로 떠올려 본 후 글로 써보세요.

• 어떤 사건과 기회, 그리고 생각과 마음이 동기가 되어서 상담을 결심하게 되었을까요?

3) 나의 동기는 아래에 제시된 상담자 욕구 중 어떤 욕구에 해당할까요? Corey와 Corey(2004)가 제시한 전형적인 상담자가 되려는 동기(욕구)는 아래와 같다.

상담자 욕구	세부 내용
누군가에게 영향을 미치고자 하는 욕구	다른 사람에게 긍정적 영향을 미쳐서 변화해가는 모습을 보고 싶다는 생각
다른 사람에게 좋은 인상을 주기 위한 욕구	좋은 일하는 사람으로 평가받고 싶은 마음
다른 사람을 돌보고자 하는 욕구	다른 사람의 고통에 관심을 갖고 도움을 주고자 하는 마음
자기 도움에 대한 욕구	개인적인 문제를 가지고 있으면서 이를 해결하고자 하는 것
누군가에게 필요한 사람이 되고자 하는 욕구	타인의 비위를 맞추어서라도 타인에게 필요한 사람이 되려고 하는 욕구
돈을 벌고자 하는 욕구	자신의 전문성을 이용하여 돈을 벌고자 하는 욕구
명성과 지위를 가지고자 하는 욕구	전문 상담자들의 고학력, 문화적 여유가 부러워 자신도 그렇게 되고자 하는 욕구
답을 주고자 하는 욕구	누군가의 말에 즉각적으로 답을 주고자 하는 반응적인 태도
타인을 조정하고자 하는 욕구	타인을 통제하고자 하는 욕구
다양성과 융통성에 대한 욕구	매일 똑같은 일과 똑같은 사람을 만나는 것이 아니라 다양한 문제를 가진 다양한 사람을 만나는 나의 호기심을 만족시키고자 하는 욕구

4) Corey와 Corey(2004)에 의하면 상담자의 동기(욕구)는 상담을 진행할 때 다음과 같은 영향을 끼칠 수 있다고 합니다.

상담자 욕구	상담에 미치는 영향
누군가에게 영향을 미치고자 하는 욕구	내담자 스스로 변화에 관심이 없거나, 혹은 당신의 도움을 바라지 않을 때 좌절할 수 있음
다른 사람에게 좋은 인상을 주기 위한 욕구	내담자에게 도전이나 직면이 어렵다.
다른 사람을 돌보고자 하는 욕구	내담자를 돌보는 일에만 전념한다면 당신 자신의 욕구에 둔감해질 수 있다. 그 결과 당신 자신이 무엇을 필요로 하는지를 알 수 없을지도 모른다. 당신 스스로 필요로 하는 것을 찾는 방법을 모른다면 쉽게 소진되거나 정서적으로 메마를 수도 있다.
자기 도움에 대한 욕구	자기 문제에 빠져서 내담자 문제의 양면적인 측면을 다루지 못하여 상담자로서의 객관성이 손상될 수도 있다.
누군가에게 필요한 사람이 되고자 하는 욕구	내담자의 욕구를 정확하게 보지 못하는 오류를 범할 수도 있다. 때에 따라서는 내담자의 의존성을 강화할 수도 있다.
돈을 벌고자 하는 욕구	경제적 동기에 치우치게 되면 내담자와의 관계 형성에 방해가 될 수 있다. 내담자를 만날 때 당신의 우선적인 관심이 얼마나 돈을 벌 수 있는가에 있다면 상담이 필요하지 않을 때조차 상담을 지속할 수도 있다.
명성과 지위를 가지고자 하는 욕구	당신의 자존심이 좀 더 탄탄한 토대 위에 세워지기를 바란다면 당신이 정말로 가치 있는 사람이라는 칭찬을 해주는 타인을 찾기보다 당신 안에 있는 지위에 대한 욕구를 들여다보는 일이 보다 중요한 일이다.
답을 주고자 하는 욕구	당신이 하는 대답들이 내담자에게는 최선이 아닐 수도 있음을 깨닫는 게 중요하다. 상담의 목적은 방향을 제시할 뿐이고 내담자 스스로 자신이 취할 행동들을 발견하는 것임을 기억해야 한다.
타인을 조정하고자 하는 욕구	내담자의 감정이나 생각을 통제하거나 조종하려고 할 수 있다.
다양성과 융통성에 대한 욕구	다양한 기법, 이론들을 내담자에게 적용해 볼 수 있어서 상담하려고 하는 지 모른다. 적절하다면 당신 스스로 도전이 될 수 있다.

- 나의 욕구가 미치는 영향에는 어떤 것이 있는지 위 표에서 확인합니다. 그리고 상담 실제 현장에서 경험한 것을 적어봅시다.

- 상담자 욕구가 상담에 미치는 영향 가운데 부정적 영향을 방지하기 위해서 상담자는 어떻게 해야 할까요?

- 자신의 동기를 인식하고 받아들이는 것이 어떠했는지 적어봅시다.

상담자의 동기

상담자가 되려고 하는 사람들은 자신이 어떤 동기로부터 시작해서 어떤 상담자가 되기를 원하는지를 알게 되면 여러분이 진행하는 상담에서 내담자를 돕는 데 도움이 될 것이다. 상담자가 되고자 하는 데는 위에서 보았듯이 나의 개인적인 동기로 보이지만 긍정적인 것과 부정적인 이유가 있다.
첫 번째 긍정적인 이유로는 이타주의와 타인의 인생에 변화를 주어 그가 더 나은 삶을 살기를 원할 수도 있다. 이들은 타인을 돌보는 일이 인생의 전부가 될 수도 있다.
자신이 힘든 일을 겪을 때 상담 도움을 받은 경우가 있다. 이런 경우 자신의 성장과 타인을 돌보는 것에 가치를 두며 내담자가 자신의 잠재력을 실현하고자 노력할 때 기쁨과 흥분을 자기 일처럼 느끼기도 한다.
사회적인 변화를 위해 상담 분야에서 일하기를 원하기도 한다. 이런 경우 어려운 청소년을 돕는다거나 장애가 있는 사람을 도우며 보람을 느끼게 된다.
건강하지 못한 일로 상담자가 되기를 희망하는 사람들의 경우 자신의 미해결된 문제를 가지고 이를 해결하기 위한다거나, 다른 사람을 필요로 하고 상담관계 형성을 친밀한 관계 형성의 한 방법으로 여겨 다른 사람과 가까워지기는 쉬운 방법을 찾기도 한다. 혹은 자신을 불행을 겪고 있는 사람을 도와주는 구세주로서 자신을 여겨 조언을 주며 자신을 포장하기도 하고 때로는 상담과정을 이용해 자신이 믿는 신앙을 전도의 장으로 여기는 것도 위험할 수 있다.
내담자가 새로운 것을 선택하고자 할 때 내담자 스스로 선택하도록 하는 것을 허락하지 않거나 타인의 불행으로부터 위안을 느끼는 데에 상담을 이용하기도 하며, 때로는 우월감을 느끼는 방법으로 사용한다면 이는 지각되어야 하며, 상담에 대한 자신의 동기 통찰이 필요하다.
상담자 자신의 동기에 대한 탐색은 상담효율성과 내담자를 돕는 더 적절한 방법을 선택하도록 한다. 자신의 무의식적 갈등을 해결하지 못하면 내담자를 상담자의 욕구에 맞추게 되도록 하거나, 내담자를 만족하게 해야 한다는 우선순위에 강박적으로 매여 있게 되어 상담자는 혼란하게 될 것이다. 내담자를 대상으로 자신의 욕구를 채우고자 하는 상담자는 내담자의 권익을 무시하게 되어 내담자가 누려야 하는 관심의 질을 저하할 것이다. 또한, 내담자가 제시하는 모든 문제에 답을 해야 한다는 강박적인 강한 욕구를 지녔다면 내담자와 상담을 하기 전에 자신의 욕구를 해결해야 한다.
즉 자신의 욕구가 타인을 돕고자 할 때 도움이 되는지, 혹은 방해가 되는지 반드시 고려해야 한다. 개인은 성장이 지속하는 과정이므로 상담자가 되려고 하는 사람은 계속해서 자신의 동기와 욕구를 살펴보는 자기지각을 활용하는 것이 좋은 방법이 될 것이다.

3. 상담자가 갖춰야 할 역량

1) 상담자로서 갖춰야 할 전문성 역량의 영역을 작성해보세요.

____

____

____

• 전문성을 갖춘 상담자의 특성은 다음과 같습니다. 자신이 상담자로서 어떤 특성을 갖추었는지 V 표를 하세요.

이상적 상담자는	V 표
• 자신의 장점과 약점에 대해 정직하게 평가할 수 있다.	
• 배우고자 하는 자세와 근본적인 호기심을 가지고 있다.	
• 타인과 좋은 관계를 맺는 기술을 가지고 있으며 이러한 기술을 상담 관계에서도 적용할 수 있다.	
• 내담자를 진심으로 염려하며, 이러한 관심은 내담자에게 최선을 다하여 전달된다.	
• 변화란 매우 힘들다는 것을 깨닫고 있으며, 기꺼이 내담자와 함께 이 과정을 갈 것이다.	
• 내담자가 현실 속에서 자신의 꿈을 실현할 수 있도록 단계를 밟아갈 수 있다.	
• 내담자가 자신의 목표를 향해 나아갈 수 있도록 기꺼이 도울 것이다.	
• 자신의 신체, 정신, 심리적인 면과 사회적인 면, 영성을 돌볼 수 있다.	
• 자신의 인생에 대해서 의문을 제기하며, 자신의 신념과 가치관에 대해서 비판적인 시각으로 기꺼이 탐색하도록 자신을 격려한다.	
• 자신에게 중요한 몇몇 사람들과 의미 있는 관계를 유지하는 능력이 있다.	
• 자신에 대해 사랑과 자부심은 있으나 거만하지 않다.	
• 인생에 대해 의문을 제기하며, 자신 스스로 세운 신념과 가치관에 대해 비판적인 시각을 갖고 탐색하는 노력을 계속한다.	

2) 상담자가 지켜야 할 윤리지침에는 무엇이 있는지 작성해보세요.

전문가 집단과 윤리강령

상담전문가들은 자체적으로 제정한 윤리강령을 협회나, 학회 등의 집단별로 발전시켜왔다. 예를 들면 청소년상담사 윤리강령, 한국심리학회 산하 사) 한국상담심리학회 상담심리사 윤리강령, 한국상담학회 전문상담사 윤리강령이 있다. 상담자가 되고자 하는 사람들과 전문 상담자들 모두는 소속되어진 조직의 윤리강령을 따르도록 하고 있으며 이를 위반했을 때 혹은 위반사를 알게 되있을 때 신고해야 하는 의무가 있다.

- 한국심리학회 산하 사)상담심리사 윤리강령 http://www.krcpa.or.kr/sub01_5.asp?menuCategory=1
- 사단법인 한국상담학회 윤리강령 http://www.counselors.or.kr//
- 청소년상담사윤리강령 http://www.youthcounselor.or.kr

윤리강령 상의 공통적 내용

- 비밀보장 : 동의서
- 한계 인식
- 상담과정에 대한 내담자 교육하기 : 상담 비용, 상담관계의 깊이, 기술사용, 관찰 여부, 슈퍼비전 여부, 녹음 및 녹화 그리고 상담자의 훈련 정도
- 내담자의 요구에 초점 맞추기
- 적절한 한계선 설정하기
- 자신의 가치관 자각하기
- 문화와 관련한 윤리적 행동
- 문화적으로 유능한 상담자 되기
- 현명한 방식으로 행동하기
- 다른 사람을 돌보기 위해 자신을 돌보라

3) 상담자가 갖춰야 할 윤리원칙에 대해 아는 대로 작성해보세요.

윤리원칙

전문가 윤리란 전문가가 질적으로 높은 서비스를 제공하고 서비스 대상의 권리를 존중하는 원칙이고 규범이다. 전문가는 자신의 직업적 행동을 할 때 자신의 전문성과 관련이 있는 법과 규칙과 행동지침, 윤리강령, 윤리지침 윤리적 방법을 따르도록 해야 한다. 윤리강령과 윤리지침 등은 관련 조직에서 합의로 제정하여 명시된 것이다. 이는 전문가 개인의 신념과는 별개이다.

그러나 모든 윤리강령이 모든 윤리적 상황을 제시하는 것이 불가능하며, 때로는 비윤리적인 행동이 복합적인 차원을 지니거나 강령에 구현되지 않은 사안도 있을 수 있다. 윤리강령을 제정할 때 기본적으로 아래의 원칙에 따라 가장 일반적인 조항을 제정하였다. 따라서 윤리강령에 표현되지 않은 사안을 판단할 때 아래에 서술된 원리를 참조하여 윤리적 판단을 하도록 한다.

- 자율성(autonomy) : 내담자와 상담자가 자신에게 불리한 영향을 받지 않고 선택을 하고 행동을 취하는 권리를 말한다. 즉 자신의 신념에 의한 결정을 해야 하는 것을 의미한다.
- 선 행 (beneficence) : 상담자는 내담자가 성장하거나 성장을 하도록 촉진하도록 하는 선한 의도로 상담을 하여 내담자에게 유익이 되도록 하는 것을 말한다. 즉 상담자가 내담자의 성장과 발전에 전념해야 하는 것을 의미한다.
- 무해성(nonmaleficence) : 상담자는 자신의 행동이 내담자에게 부주의하게 해를 끼치지 않도록 하는 것을 의미한다. 즉 무엇보다 해를 끼치지 않을 것
- 공정성(justice) : 모든 사람을 위한 기호와 수단의 균등함에 대한 보장이나 공평으로 정의된다.
- 엄 수(fidelity) : 약속을 지키는 것과 다른 사람과의 관계에서 신뢰할 만하다는 것을 의미한다.
- 정직(veracity) : 진실을 말하는 것으로 상담 상황에서 강력하게 필요한 원칙이다.

4) 상담자가 문화적 다양성에 대해 고려해야 할 사항을 작성해보세요.

문화적 다양성 지각

교과서에 문화적 다양성에 민감한 상담자가 되는 내용은 그냥 지나쳐 가는 장으로 알았던 시대도 있었지만, 대학상담실에도 몽골 학생, 중국 학생, 사우디가랍비 학생, 대만 학생 등이 내담자로 오는 일이 결코 희귀한 일이 아닌 시대가 되었다. 청소년 내담자들도 이주민들의 자녀나 외국인 근로자의 자녀들이 상담실에 의뢰되어 오는 경우가 이제 흔한 시대가 되었다.

이런 시대에 상담을 공부하고자 하는 사람들은 단어 그대로 문화적 다양성에 민감해야만 한다. 대만 학생이 와서 "군대를 제대 후, 취업했어요."라는 말의 맥락이 어떤 것인지 이해를 해야 한다. 그냥 우리나라 청년들이 군대를 제대하는 것과 다를 수 있기 때문이다.

내담자의 문화적 가치를 아는 것은 정확한 의사소통을 이루기 위한 필수적인 요소이다. 내담자의 관점으로 세계를 바라보는 것은 다른 문화적 집단들이 그들의 세계를 조망하는 방법을 이해하는 것을 포함한다.

민족성, 문화, 생물학적 성, 나이, 생활 배경, 사회경제적 지위, 교육, 종교, 삶의 철학, 신념이나 가치, 가정 등에 대한 내담자의 관점을 포함한다.

상담자가 상담에서 고려해야 하는 다양한 문화 영역은 아래에 제시하는 것을 물론이고 개인차 또한 고려해야 한다.

아래의 내용은 Nelson-Jones(2017)를[3] 참조하였다.

3) Richard Nelson-Jones (2017). 기본 상담기술 p19.

다양성을 내포하는 문화적 개념

- 문화 : 소수집단의 선조와 주류집단에의 문화 적응 혹은 변용 정도
- 인종 : 문화적 하위집단이나 혼혈적 존재로서의 신체적 특징
- 사회계층 : 수입, 교육적 성취, 직업적 지위에 따른 차이
- 생물학적 성(physical sex) : 여성, 남성
- 젠더-역할(GENDER-ROLE) 정체성 : 여성스러움이나 남자다움에 대한 사회적 속성 분류에 따른 정서, 생각, 행동
- 결혼상태 : 독신, 동거, 결혼, 별거, 이혼, 재혼, 사별
- 성적지향과 애정적 지향 : 이성애, 레즈비언, 게이, 양성, 성전환 여부
- 나이 : 발달 단계에 의한 분류로 이해
- 신체장애 : 신체 기능의 결손
- 종교 혹은 철학적 가치관 : 종교나, 정치관 등의 차이점

4. 상담자 훈련과정

1) 수련생이 상담 전문성을 갖추려면 어떤 훈련을 받아야 하는지에 관한 생각을 적어봅시다.

• 상담 전문성을 갖추려면 훈련이 필요하다고 하는데 그 이유는 무엇일까요?

• 아래 표에 예시를 참고하여 상담자훈련의 종류 및 그 훈련 방법에 대해 아는 대로 작성해보세요.

상담자훈련의 종류		내가 이미 훈련받은 방법은? 훈련 방법의 작성
예시	상담이론학습	예) 발달심리, 성격 심리, 집단상담, 가족 상담, 이상심리, 심리검사 등

2) 아래에는 상담자훈련 종류 및 방법에 대한 예시들이 제시되어있습니다. 이 중에서 훈련받은 방법에 V 표하세요.

<table>
<tr><th colspan="3">상담자 성장 과정에 필요한 내용</th><th>V 표</th></tr>
<tr><td rowspan="20">교육</td><td colspan="2">상담이론학습</td><td></td></tr>
<tr><td colspan="2">개인상담</td><td></td></tr>
<tr><td colspan="2">심리검사</td><td></td></tr>
<tr><td colspan="2">접수 면접 기술</td><td></td></tr>
<tr><td colspan="2">집단상담</td><td></td></tr>
<tr><td colspan="2">부부 상담</td><td></td></tr>
<tr><td colspan="2">가족 상담</td><td></td></tr>
<tr><td colspan="2">위기 상담</td><td></td></tr>
<tr><td colspan="2">심리교육</td><td></td></tr>
<tr><td rowspan="11">상담영역별 교육</td><td>기본 의사소통 기술</td><td></td></tr>
<tr><td>면접 및 사례관리 기술</td><td></td></tr>
<tr><td>상담 계획 및 실행 기술</td><td></td></tr>
<tr><td>상담 면접기술 전반</td><td></td></tr>
<tr><td>심리검사 결과 통합적 해석 기술</td><td></td></tr>
<tr><td>다양성에 대한 지식과 상담</td><td></td></tr>
<tr><td>슈퍼비전의 수용도 및 개방성</td><td></td></tr>
<tr><td>임상적 지식</td><td></td></tr>
<tr><td>전문가적 태도 및 윤리</td><td></td></tr>
<tr><td>자신에 대한 이해</td><td></td></tr>
<tr><td>대인관계기술</td><td></td></tr>
<tr><td>현장실습</td><td colspan="2">임상 경험(상담 실습)</td><td></td></tr>
<tr><td rowspan="3">슈퍼비전</td><td colspan="2">슈퍼비전 받기</td><td></td></tr>
<tr><td colspan="2">사례 이해</td><td></td></tr>
<tr><td colspan="2">상담회기 운영 관리</td><td></td></tr>
<tr><td rowspan="2">기타</td><td colspan="2">상담자 개인 분석</td><td></td></tr>
<tr><td colspan="2">전문가 자격증 취득</td><td></td></tr>
</table>

3) 아래에는 실제로 상담을 진행하면서 상담과정 별로 필요한 상담 면접기술이 제시되어있습니다. 자신이 수행할 줄 아는 기술을 있는 대로 V 표하세요.

단계	상담 면접기술	V 표	상담 면접기술	V 표
탐색	주의집중		재진술	
	경청		요약	
	공감반영		바꿔 말하기	
	사례 개념화		상담목표 세우기	
	명료화		구체화	
	위기관리		자기개방	
	질문		초점화	
	구조화		의뢰하기	
	사고 및 감정 탐색		내적 참조틀 이해	
통찰	도전과 피드백		직면	
	해석		통찰	
	즉시성		저항 관리	
	개방형 질문		재구조화	
실행	정보 제공		문제해결 촉진	
	합리적 논박		상상법	
	자동화된 사고의 교정		명상	
	고정역할 치료		과장하기	
	초점 맞추기		동작 모사	
	비명		이완법	
	상과 벌		EMDR	
	신체 활성화 기법		빈 의자 기법	

4) 위에 제시된 상담기술 중에서 초보 상담자가 상담을 실제로 하는데 필요한 것에는 어떤 것이 있을까요?

____

____

____

____

국가직무능력표준(NCS)

상담자가 갖추어야 하는 상담능력을 이해하도록 국가직무능력표준(National Competence Standards)에서 제시하는 심리상담 학습 모듈을 참고하기 바랍니다. ncs.go.kr/사회복지·종교 입니다. 아래의 내용은 국가직무능력표준에서 제시하는 한국형 수련상담자 발달 단계와 상담자 수련 6단계입니다.

한국형 수련상담자 발달 4단계				
단계	교육수준	심리상담경력	슈퍼비전 경험	교육 분석 경험
수련 초기	심리학과 무관/유관 전공 학부 과정~학부 졸업 후 3년 또는 심리상담 석사 과정 3학기까지	비전문 조력 또는 상담 실습수업 통해 1~100시간	0~20회(집단상담 슈퍼비전 포함)	없거나 몇 회 있음(상황에 따름)
수련 중기 -전반부	심리상담 석사 4학기 ~졸업 후 3년	상담 실습/상담 기관 근무(파트/풀타임) 약 100~300시간	약 20~70회 (집단상담 슈퍼비전 포함)	최소 10~20 회기
수련 중기 -후반부	박사과정 석사 후 5년	상담 실습/상담 기관 근무(파트/풀타임) 약 300~600시간	약 70~150회 (집단상담 슈퍼비전 포함)	필요에 따라 선택
수련 후기	박사 졸업 후 5년 석사 후 10년	상담 실습/상담 기관 근무(파트/풀타임) 약 100~300시간	약 150~200회 (집단상담 슈퍼비전 포함)	필요에 따라 선택

<table>
<tr><th colspan="5">상담자 수련 6단계</th></tr>
<tr><th>단계</th><th>교육 수준</th><th>주요 교과목</th><th>수련 기관 및 수련 시간(연간)</th><th>비고</th></tr>
<tr><td>1
이론</td><td>학부</td><td>상담 및 심리치료의 이론과 실제
성격심리학, 발달심리학, 인지심리학, 사회심리학, 이상심리학, 생리심리학, 집단상담, 부부 상담, 가족 상담, 아동 및 청소년 상담, 노인 상담, 위기 상황대처, 상담윤리와 법, 기초통계, 상담 실습</td><td>학교 또는 지역사회 상담 기관(총 50시간 이상: 대면상담 10시간 이상 포함</td><td>관찰 실습</td></tr>
<tr><td>2
기초</td><td>석사
전기
(1~2학기)</td><td>고급 상담 및 심리치료의 이론과 실제
고급 성격심리학, 고급 이상심리, 아동 정신병리, 고급 사회심리, 집단상담 치 심리치료, 다문화 상담, 상담윤리와 법의 실제, 면접이론과 실제 I & II, 중급 통계, 상담연구방법론</td><td rowspan="2">학교, 지역사회, 병원 상담 기관(총 500시간 이상: 대면상담, 심리검사, 슈퍼비전 200시간 이상 포함)</td><td rowspan="5">상담/
심리검사
수련 및
자기 성장
교육 분석</td></tr>
<tr><td>3
중급</td><td>석사
후기
(3~5학기)</td><td>부부/가족 상담 및 심리치료, 아동·청소년 상담 및 심리치료, 상담 실습 및 사례연구, 집단상담, 위기 상담</td></tr>
<tr><td>4
인턴</td><td>석사
졸업 후
1~2년</td><td>특정 상담 이론 및 실제 심화교육(학교, 지역사회, 또는 병원 상담 기관 파트 타임 근무), 단, 박사교육이나 학위가 없어도 상담 기관 수련이 그에 준하면 심리상담 전문가 준비 가능</td><td>학교, 지역사회, 병원 상담 기관(총1,000시간 이상: 대면상담, 심리검사, 슈퍼비전 400시간 이상 포함)</td></tr>
<tr><td>5
레지던트</td><td>석사 후
3~5년/
박사과정</td><td>고급 신경생리심리학, 상담 및 심리치료 슈퍼비전, 정신약학, 개인/집단/부부/가족 상담 및 심리치료 심화실습, 심리검사개발, 고급 연구방법, 고급 통계</td><td>학교, 지역사회, 병원 상담기관(총1,000시간 이상: 대면상담, 심리검사, 슈퍼비전 500시간 이상 포함)</td></tr>
<tr><td>6
예비
선문가</td><td>석사 후
8~10년/
박사 후
1~5년</td><td>특정 상담이론 및 실제 심화교육(학교, 지역사회, 또는 병원 상담기관 파트 타임 근무) 및 심리상담 전문가 획득 가능</td><td>학교, 지역사회, 병원 상담기관(총 2,000시간 이상: 대면상담, 심리검사, 슈퍼비전 800시간 이상 포함)</td></tr>
<tr><td colspan="5">참고 1. 전문가의 슈퍼비전 없이 실시된 수련은 시수로 인정하지 않음.
참고 2. 수련단계별 수련 시간은 심리상담의 전문성 강화를 위해 임의로 제안한 것임</td></tr>
</table>

PART 2

'공 감'

2부에서는 '공감 이해하기'를 목표로 공감과 공감과정, 공감훈련모델에 관한 지식을 제시하였다.

과정을 따라 학습하면서 수련생에게 도움이 되는 내용이 있기를 바랍니다.

제1장 '공감'을 알아가다

1장 공감을 알아가다 에서는 말 그대로 공감을 이해하는 것을 목표로 공감의 정의와 공감에 관한 오해와 진실, 공감의 기능, 구성요인을 제시하였다.
질문을 따라가며 자신만의 답을 빈칸에 꼭 써가면서 훈련하면 공감 관련 다양한 지식을 학습하고 자신이 가지고 있던 잘못된 개념도 수정할 수 있으니 차분하게 교재 내용을 따라가며 학습하기 바랍니다.

1. 공감

1) 내가 살면서 주변 누군가로부터 받은 공감 경험을 떠올려 글로 적어봅시다.

- 공감을 받았을 때 생각과 느낌은 어땠나요?

- 그 상황에서 공감을 받았다고 생각되었던 것은 당신이 공감을 무엇이라고 생각했기 때문일까요?

2) 공감의 정의는 무엇이라고 생각하는지 글로 작성해보세요.

공감의 정의

- 로저스(2007)

"공감적이라는 것, 또는 공감의 상태라는 것은 다른 사람의 내적 참조 틀(frame of reference)과 그 참조 틀에 관련된 감정적인 요소와 의미를 마치 자신이 그 사람인 것처럼 정확하게 지각하는 것이다(Rogers, 1977)."라고 하면서 "그러나 마치 ~처럼(as if)이라는 조건을 잃어버려서는 안 된다."라고 하였다. 그러므로 상대방의 상처나 즐거움을 그가 느끼는 것처럼 느끼고 그것의 이유를 그가 지각하는 대로 지각하되 마치 자신이 상처받거나 즐거운 것처럼 가정하고 있다는 인식을 결코 잃어버려서는 안 된다. 마치 ~처럼 이라는 가정을 잃어버린다면 그 상태는 동일시의 상태가 되는 것을 주의하도록 한다.

- 코헛(2010)[4]

"공감은 상대의 눈으로 상대의 세계를 보고, 타인이 느끼고 있는 감정을 아는 과정이다." 타인의 관점과 경험을 나눌 수 있는 능력으로 코헛은 자기 심리학에서 공감을 정상 발달과 효과적인 심리치료에 필수적이라고 주장한다.

- 데이빗(1996)

그의 저서 「Empathy」에서 공감이 동정(sympathy)과 구분되는 정의를 찾으며 다음과 같이 기록하였다. "오래된 동정 개념과 공감의 새로운 개념 사이에는 중요하지만 작은 차이가 있다. 동정은 어떤 사람이 다른 사람이 느낀 것을 느끼거나 다른 사람의 경험에 감동하는 방식을 강조했다. 대조적으로, 공감은 한 개인이 다른 사람의 '내부'로 가서 고의적인 지적 노력을 통해 어떤 방식으로 접근하려는 더 적극적인 시도라는 차원이다. 이보다 더 적극적인 방식으로 공감을 개념화 한 결과는 의도적인 인지 과정에 더 중점을 두었다는 점이다. Sippps와 Titchener는 공감은 의도적으로 자신을 벗어나 다른 사람들의 경험 '안으로(into)' 들어가는 노력과 같은 고의적인 관찰자를 구별하였다. 그러한 이론적 입장에서 공감의 적극적인 과정이 강조되고 일련의 이론가들이 그들의 과정에서 이 과정에 초점을 맞추기 시작했다."

- 크르즈나릭(2014)

공감이란 상상력을 발휘해 다른 사람의 처지에서 보고 다른 사람의 느낌과 시각을 이해하며, 그렇게 이해한 내용을 활용해 당신의 행동지침으로 삼는 기술이라고 정의하였다.

- 카커프(1967)[5]

정확한 공감은 상담자가 내담자 또는 환자의 사적인 세계를 마치 자신의 것처럼 느끼는 능력 이상의 것을 포함한다. 이는 또한 환자가 의미하는 것을 아는 능력 이상의 것을 포함한다. 정확한 공감은 현재의 느낌에 대한 치료자의 민감성과 그리하여 얻은 이해를 내담자의 현재 느낌에 조율한 언어로 의사소통할 수 있는 언어적 재능 두 가지를 모두 포함한다. 만일 여기에 같은 정서를 느껴야 한다는 요구가 다소라도 들어 있다면 상담자가 내담자의 느낌을 공유하는 것은 필요하지 않다. 오히려 바람직하지 않게 보인다. 공감은 그러한 느낌들을 포착하고 민감하게 인식하는 것이다.

3) 공감과 비슷하게 사용하는 용어에는 어떤 것이 있는지 단어의 뜻은 무엇인지 작성해보세요.

공감과 비슷하지만 다른 용어[6)]

- 동정

동정은 모든 사람에게서 발견할 수 있는 선천적으로 부여된 것이며, 다른 사람의 복지와 행복을 위해서 발동하는 순수한 이타성이다. 동정은 타자가 겪는 고통을 감소시켜 주어야 한다고 하는 타인의 정서에 대한 민감성과 곤경에 대한 반응을 강화한다. 따라서 동정은 행동 양식으로 관계의 방식이라고 할 수 있다. 이에 반해 공감은 앎의 방식임을 알아야 한다.

- 투사

투사는 정서가 포함되지 않을 수도 있는 인지적 과정이라는 점에서 공감과 다르다. 공감은 기본적으로 정서적 반응이지만 투사는 그렇지 않을 수도 있다. 공감에서는 그 흐름의 방향이 타인에게서 자기로 향하는데 투사에서는 거꾸로 자신에게서 타인에게로 향한다. 공감하는 사람은 그 대상과 분리되어 있고 중립적이라는 측면에서 투수와 구분된다.

- 동일시

공감이 일어나기 위해서는 동일시 과정이 일시적으로 요구된다고 볼 수도 있지만, 동일시가 방어기제로 정체성을 변화시키기 때문에 공감과는 다르다. 서로 분리된 두 개체가 하나처럼 같아지는 과정이 동일시라면 하나의 개체가 또 다른 개체와 일시적으로 같아졌다가 분리되었던 원래의 상태로 되돌아가는 것이 공감이기 때문에 동일시와는 다른 것이다.

4) 박성희의 공감학에서 재인용 p26.
5) Ibd. p28.
6) Ibd. p44~46

2. 공감에 관한 오해와 진실

1) 다음은 공감에 대한 지식을 표현한 문장들입니다. 맞는다고 생각되면 ○표, 다르다고 생각되면 X표를 하고 그 이유도 작성해보세요.

문항	공감에 대한 지식	O / X	그렇게 생각한 이유를 작성하세요
1	상담자가 내담자를 공감하면 내담자는 공감받는다는 사실을 누구나 알아차린다.	X	
2	공감능력은 타고난 능력이다.		
3	공감은 관심 기울이기부터 시작한다.		
4	공감은 경청부터 시작한다.		
5	공감은 상담자의 심리내적 현상이다.		
6	공감은 정서적 대상에 한한다.		
7	공감은 내담자에 대한 지각과 의사소통적 공감을 포함한다.		
8	공감은 항상 감정에 초점을 둔다.		
9	공감하는 것은 동의하는 것과 같다.		
10	공감과 동정(sympathy)은 다르다.		
11	공감할 때는 비언어적인 것을 관찰할 필요가 없다.		
12	공감은 투사다?		

2) 다음은 공감에 대한 지식을 표현한 문장에 관한 설명입니다. 자신이 작성한 이유와 비교해 보세요.

문항	공감에 대한 지식	설명
1	상담자가 내담자를 공감하면 내담자는 공감받는다는 사실을 누구나 알아차린다.	아니요. 알아차릴 때도 있지만 표현하지 않으면 알지 못하는 경우가 많다.
2	공감능력은 타고난 능력이다.	아니요. 훈련으로 향상된다.
3	공감은 관심 기울이기부터 시작한다.	네, 그렇습니다.
4	공감은 경청부터 시작한다.	네, 그렇습니다.
5	공감은 상담자의 심리내적 현상이다.	네, 그렇습니다.
6	공감은 정서적 대상에 한한다.	아니요. 공감은 인지적 대상과 전달하기를 포함한다.
7	공감은 내담자에 대한 지각과 의사소통적 공감을 포함한다.	네, 그렇습니다.
8	공감은 항상 감정에 초점을 둔다.	아니요. 공감은 사고와 감정에 초점을 둔다.
9	공감하는 것은 동의하는 것과 같다.	아니요. 공감은 동의가 아닙니다.
10	공감과 동정(sympathy)은 다르다.	네, 그렇습니다.
11	공감할 때는 비언어적인 것을 관찰할 필요가 없다.	아니요. 공감하기 위해서는 비언어적인 것을 관찰해야 합니다.
12	공감은 투사다?	아니요. 공감과 투사는 다릅니다.

3. 공감에 관한 지식

1) 내가 일상에서 받았다고 생각한 공감 경험을 다시 떠올려 봅니다. 이때 공감이 나에게 미친 영향이 무엇이었는지를 작성해보세요.

공감과 경험

대학생들에게 누군가에게 공감을 받아 보았냐는 질문을 하면, 소수의 학생이 공감을 받아 보았다고 한다.

공감받았을 때 어떠했냐고 다시 물어보면, 이해받고, 존중받고, 의미 있는 존재가 된 것 같아서 기분이 좋아지고 긴장이 풀어지는 느낌이 들었다고 한다. 그렇다. 뭔가 잘못했을 때 타인으로부터 공감을 받으면 이상하게 겸손? 해지며 내 잘못이 생각나서 반성하게 된다.

공감은 타인을 격려하고 힘을 실어주는 그런 긍정적인 힘이 있다. 삶 가운데 평가 없이 그리고 조건도 없이 공감을 받는 기회가 많지 않고 공감적으로 이해해 주는 사람을 만나기도 어렵다.

더욱이 상담에 오는 내담자들은 살면서 공감적 이해를 받아 본 경험이 드물어서 공감을 철학적 배경으로 하는 상담관계는 내담자를 편안하고 자신을 돌아보는데 어려움을 느끼지 않게 한다. 그래서 내담자는 자신에 대한 이해를 높이고 변화를 할 수 있게 된다. 상담에서 내담자에게 변화를 가져오도록 하는 기초적인 기술 가운데 하나가 공감적 이해와 이를 전하는 공감적 의사소통이다.

공감은 상담자가 내담자를 내담자의 처지에서 내담자의 상황과 생각, 그리고 감정을 내담자가 하듯이 하는 생각, 느낌이다. 이러한 공감을 상담자 안에 두면 단지 상담자가 내담자를 이해하는 것일 뿐이다. 이를 내담자에게 전해야 공감이 기능하게 되고 내담자를 변화시키는 도구가 된다. 따라서 상담자들의 공감 능력을 향상하기 위해서 상담자는 부단한 노력을 해야 할 것이다.

2) '공감'을 사용하는 단어의 정의를 작성해 봅니다.

- 공감적 이해 :

- 공감적 경청 :

- 공감적 의사소통 :

- 공감 반응 :

- 공감반영 :

공감을 사용하는 단어의 뜻

'공감적'은 비언어적으로나 언어적으로 표현하는 감정, 생각, 태도, 신념과 관찰될 수 있는 것까지도 정확하게 의미를 포착하는 것을 의미한다.

- '공감적 이해'란 자신의 경험이 아닌 다른 사람의 생각과 감정을 거의 같은 내용과 수준으로 이해하는 것을 의미한다.
- '공감적 경청'이란 자신의 경험이 아닌 다른 사람이 말하는 것을 다른 사람이 말하는 생각과 감정을 그대로 주의집중 하여 듣는 것을 의미한다.
- '공감적 의사소통'은 자신의 경험이 아닌 다른 사람의 생각과 감정을 거의 같은 내용과 수준으로 이해한 것을 구체적으로 상대에게 전달하는 것을 의미한다.
- '공감반응'은 자신의 경험이 아닌 다른 사람의 생각과 감정을 거의 같은 내용과 수준으로 이해한 것에 대하여 상대방에게 반응하는 것을 의미한다.
- '공감반영'은 자신의 경험이 아닌 다른 사람의 생각과 감정을 거의 같은 내용과 수준으로 이해한 것을 그대로 거울에 비추듯 반응하는 것을 의미한다.

3) 공감 능력을 높이기 위해서는 어떤 습관이 도움이 될지 작성해 봅니다.

공감능력이 뛰어난 사람들의 6가지 습관

로만 크르즈나릭(Roman Krznaric)은 그의 저서 「관계의 혁명을 이끄는 당신 안의 힘 공감하는 능력」에서 우리의 잠재적 능력을 키울 수 있는가? 라는 질문에 다음의 6가지로 답을 하고 있다.

- 첫 번째 습관 : 두뇌의 공감 회로를 작동시킨다.

자신의 정신적 프레임을 바꿔보는 습관, 공감이 인간 본성의 핵심에 있으며, 평생에 걸쳐 확장될 수 있다는 것을 인지한다.

- 두 번째 습관 : '상상력을 발휘해 도약'한다.

타인의 처지에 서서 그들의 인간성과 개성, 관정을 인정하려고 의식적으로 노력하는 습관, '타인'에는 '적'까지 포함한다.

- 세 번째 습관 : 새로운 체험에 뛰어든다.

자신의 삶과 문화와 상반되는 것들을 직접 체험, 공감 여행, 사회적 협력 등을 통해 탐색한다.

- 네 번째 습관 : 대화의 기교를 연마한다.

낯선 사람들에 대한 호기심, 철저하게 듣는 습관, 그리고 감정을 가리는 가면을 벗어던지는 습관을 키운다.

- 다섯 번째 습관 : '안락의자 여행자'가 되어본다.

예술, 문학, 영화, 그리고 소셜네트워크 시스템(SNS)을 통해 다른 사람의 마음속으로 여행을 떠나 본다.

- 여섯 번째 습관 : 주변에 변혁의 기운을 불어넣는다.

대규모로 공감을 끌어내 사회의 변화를 만들어 내고, 나아가 자연계까지 포용할 수 있도록 공감의 폭을 넓힌다.

2) 공감은 관계를 만들고, 인간의 내면을 여는 중요한 열쇠입니다. 공감의 문을 여는 방법을 생각하고 작성해 봅니다.

공감'의 문을 여는 일곱 가지 열쇠

헬렌 리스와 리즈 네포렌트(2018)는 그들의 저서 「최고의 나를 만드는 공감능력」에서 공감의 문을 여는 일곱 가지 열쇠를 공감이라는 영어단어 'EMPATHY'의 머리글자로 제시한다.

- 첫 번째 열쇠 E : **눈 맞춤(Eye Contact)**은 만나는 사람의 눈을 응시함으로써 기본적인 인사뿐 아니라 상대방을 진정으로 보고 있다는 메시지를 전달할 수 있다.
- 두 번째 열쇠 M : **표정 근육(Muscles of Facial Expression)**은 상대방의 얼굴에 집중하면 상대방의 기분을 말해주기 때문에 상대방의 기분을 직감하게 한다.
- 세 번째 열쇠 P : **자세(Posture)**는 감정 상태와 긴밀하게 연결되어 있어 상대방의 자세를 통해 해당 상대방의 감정을 유추할 수 있다.
- 네 번째 열쇠 A : **객관적으로 감정 읽기(Affect)는** 상대방의 감정을 읽는 것만으로는 부족해서 상대방의 감정을 읽고 이름을 붙이고 눈에 보이는 것을 해석해야 한다.
- 다섯 번째 열쇠 T : **어조(Tone of Voice)**는 상대방이 전달하는 비언어적 감정표현의 38% 이상을 담당하므로 공감의 핵심요소라 할 수 있다.
- 여섯 번째 열쇠 H : **사람 전체에 귀 기울이기(Hearing the Whole Person)**는 적극적 경청 혹은 공감적 경청과 같은 뜻으로 상대의 말에 귀를 기울이고 감정을 파악한 뒤 비판 없는 연민으로 반응하는 것이다.
- 일곱 번째 열쇠 Y : **당신의 반응(Your Response)은** 언어적 반응에 대한 대답이 아닌 것으로 타인의 감정에 공감하기 때문에 생긴 상담자 반응으로 인해 타인(내담자)이 어떻게 느끼는지에 대한 정보를 가지고 있는 당신의 반응을 말한다.

3) 공감의 기능에는 어떤 것들이 있는지 작성해보세요.

공감의 기능

로저스

- 공감은 소외감을 해소한다.
- 자기 자신이 있는 그대로 가치가 있고 존중받으며 수용된다고 느끼게 한다.
- 가장 높은 수준의 공감적 표현은 수용과 무비판이다.
- 다른 사람에게서 제대로 이해받게 되면 사람은 자신의 개성과 정체감을 느끼게 된다는 것이다.
- 공감으로 자기개념이 변하면 새롭게 지각된 자기(self)에게 알맞도록 행동이 변화한다.

코헛

- 내담자의 정보를 수집하는 도구가 된다.
- 공감은 상담 전체과정의 핵심을 이룬다.
- 공감이라는 방법을 통해 자신의 고유한 정체성과 객관성을 잃지 않고 환자의 세계에 들어가게 한다.
- 공감은 상담(치료) 상황에서 은연중에 긍정과 반영을 제공하여 지시기능을 수행한다.
- 공감을 받은 내담자는 상담자(치료자)가 자신의 경험을 지각하고 이해할 수 있다는 것을 알게 되고 자신이 느끼고 있는 감정을 타당화 하게 된다.

박성희

- 내담자의 핵심용어와 낱말을 이해할 수 있다.
- 고유 논리를 이해할 수 있다.
- 습관 언어의 이해
- 감각 언어 통로의 이해
- 주의집중 행동을 통한 이해
- 상상을 통한 이해

4. 공감 구성요인

1) 공감의 구성요인에는 어떤 것들이 있는지 작성해보세요.

공감의 구성요인

공감의 구성요인은 인지적 요인, 정의적 요인과 의사소통적 요인이다.
인지적 요인은 세 가지 차원에서 이해할 수 있다. 먼저, 예언능력이라고 하며, 공감적 과정을 타인의 사고와 행위에 상상적으로 자신을 전위시켜 보는 과정에서 발생하는 것이다. 다음으로 감정의 재인(recognition of emotion)은 상대방으로부터 발견되는 감정을 인지해 내는 능력으로 타인의 감정 상태를 식별하고 가려낼 수 있는 능력을 말한다. 끝으로 탈중심화는 자기중심적 사고에서 자기 이외의 대상으로 다양화시키는 능력으로 타인 역할 취하기 기능이 있다.
정의적 요인은 다른 사람의 감정이나 느낌과 부합하는 것 혹은 대리적인 의미가 있다. 대리적 의미는 타인과의 관계에서 느끼는 자신의 느낌이나 감정이 대상자에게 영향을 주는 것이 아니며 또한 자신이 대상자의 감정적인 상태에 의해 직접적으로 영향을 받지 않는다는 전제가 필요하다. 공명(resonance) 혹은 반향(reverberation)은 공감 과정에서 나타나는 감정적인 일치를 나타내는 용어이다.
의사소통적 요인은 내담자와 신뢰로운 의사소통 문제가 주요한 관심사인 상담심리학에서는 의사소통을 주요한 공감 요인으로 간주하고 있다. 로저스는 "내담자의 사적인 세계를 마치(as if ~~)라는 사실을 망각하지 않고 마치 자기 자신의 것처럼 느끼고 이러한 경험을 전달해 주려고 시도하는 것이다."라고 공감의 소통적 요인을 강조하였다. 상담의 효과를 창출하기 위해서는 상담자의 공감적 표현을 보다 정교화하고 구체화하여 전달하는 작업이 중요하다.

제2장 공감 과정과 훈련 모델을 이해하다

제2장에서는 사람은 어떤 과정으로 공감을 하고, 공감훈련은 어떤 과정에 의하는지를 이해하는 것을 목표로 공감 과정과 공감훈련모델에 관한 선행연구를 소개한다.

따라서 우리가 공감이라고 일컫는 용어의 생리학적, 심리학적 과정을 이해하도록 구성되어 있다. 공감 과정을 이해하면 공감훈련이 가능한가에 대한 이해를 높여줄 수 있을 것이다.

수련생들은 이론을 학습하면서 자신에게 적용하기 바랍니다.

1. 공감과정

1) 생리적 공감과정은 어떤 과정으로 일어나는지 알아봅시다.

거울뉴런(Mirror Neuron)

1996년 이탈리아의 파르마대학 자코모 리촐라티 교수 연구팀은 원숭이가 손으로 물체를 조심스럽게 다룰 때 사용하는 신경을 연구하려고 짧은 꼬리원숭이의 하두정피질(아래마루 겉질)에 전극을 설치하고 있었다. 이들은 원숭이가 사람이 음식 조각을 집어 올리는 것을 보았을 때 원숭이의 신경세포 일부가 연구원들이 기록한 대로 반응한다는 것을 발견했다. 더 나아가 연구원들은 실험을 이용해 원숭이의 하전두피질(아랫니마 겉질)과 하두정피질(아래마루겉질)에 있는 신경세포의 대략 10% 정도가 '거울'과 같은 특성이 있으며 손으로 어떤 행위를 하거나 다른 대상의 행동을 관찰할 때 반응한다는 사실을 확인했다. 이를 통해 뇌의 신경 세포 중 '보는 것'과 '하는 것'을 똑같이 받아들이게 하는, '타인의 행동을 비춰 주는' 거울 뉴런이 있다고 생각하게 되었습니다.

거울신경세포(Mirror neuron)는 동물이 특정 움직임을 수행할 때에나 다른 개체의 특정한 움직임을 관찰할 때 활동하는 신경세포이므로 이 신경세포는 다른 동물의 행동을 "거울처럼 반영한다(mirror)"라고 표현한다. 이러한 신경세포는 영장류 동물에서 직접 관찰되었고 인간에게도 있다고 추측을 하게 되었다. 이어 크리스티안 케이서스와 연구원들은 자기공명영상장치(fMRI)를 이용하여 인간과 원숭이에서 그러한 신경세포가 존재한다는 것을 확인하였다. 거울 체계가 다른 대상의 행동이 일으키는 소리에도 반응한다는 사실도 확인했다. 따라서 거울신경 체계는 다른 사람의 행동을 이해할 때, 모방을 이용해 새로운 기술을 배울 때 중요한 역할을 하리라고 여겨진다. 라마찬드란은 거울신경세포가 모방과 언어 습득에서 가장 중요한 역할을 한다고 믿으나 아직 어떻게 거울신경세포가 활동해서 모방과 같은 인지 기능을 도와줄 수 있는지를 설명하는데는 한계가 있다.

2) 심리적 공감과정은 우리의 정신세계에서 어떻게 생겨나는지 알아봅시다.

공감 과정

Davis(1980)는 인지적 공감과 정서적 공감을 포함하는 다면적 공감 측정 도구를 개발하면서 관점수용, 환상, 공감적 관심, 및 개인적 고통을 4개의 하위요소로 제안하였다. 공감의 다면성을 설명하는 하위요인인 관점수용은 타인의 심리적 관점을 자발적으로 수용하는 경향이다. 환상은 영화, 도서, 그리고 인물의 느낌과 행동에 상상해서 자신을 이입하는 경향이다. 공감적 관심은 동정, 연민, 온정, 및 불행한 사람에 관한 관심과 같은 타인을 향하는 느낌이다. 개인적 고통은 타인의 불행이나 고통의 상황에서 긴장되고 불편해지는 경향을 의미한다. 또한 Davis(1996)는 공감의 다면성 측정에 이어 이러한 공감 과정을 조직화하여 공감 과정 전체를 이우르는 구조 모델을 제시하면서 선행요인, 과정, 개인 내적 결과와 대인 관계적 결과의 4단계 '구조 모델(organizational model)을 소개하였다.

구조 모델의 첫 단계인 선행요인에 개인과 상황을 두고, 개인 요인으로 신체적 능력, 개인의 성격, 학습 내력으로 세분화하고, 상황은 상황의 강도와 관찰자와의 목표 유사성을 포함한다. 둘째 단계인 과정에 비인지적 과정과 인지적 과정을 나누어 인지적 과정은 단순 인지적 과정과 고차원 인지적 과정으로 나누고, 단순 인지적 과정은 고전적 조건형성, 단순 연합, 명명화 고차원 인지적 과정은 언어연합, 역할수행으로 나누었다. 셋째 단계인 개인 내적 결과는 정서적 결과와 비정서적 결과로 나눈다. 정서적 결과는 병행반응, 반응적 반응으로, 병행반응은 내담자와 같은 감정의 재생산으로, 반응적 반응은 공감적 관심, 공격성, 개인의 부정적 감정으로 구분하고 비정서적 결과는 적절한 대인관계 형성을 하도록 하는 사고와 느낌 그리고 행동 원인에 대한 귀인을 포함한다. 넷째 단계인 대인적 결과에서 공감의 결과로써의 도움 활동, 사회적인 행동, 공격성의 감소를 나타낸다. Davis의 공감 과정 구조 모델은 한 개인의 선행요인이 인지적인 과정과 비인지적 과정을 거쳐 개인 내적으로는 정서적이며 비정서적인 결과물을, 대인관계 적인 결과에 이르는 과정을 설명한다.

이후 거울 뉴론을 포함하는 공감 과정 모형 가운데 하나가 프레스통과 드왈(2002)에 의해 지각-행동 모형이 제시된다. 이들 모형의 주요 원리는 첫째, 상담자는 상상력과 주의력으로 내담자의 상태를 주의집중하여 지각하는 과정에서 내담자 자체로부터 활성화되거나 혹은 내담자 사건의 연합에 의해서 간접적으로 활성화된다. 둘째, 상담자의 지각은 상황, 상태 및 대상에 대한 상담자의 표상으로 자동으로 활성화된다. 이때 심리적으로 특정 신경망이 활성화된다. 셋째, 상담자의 정서적 기제가 활동하여 모방 행동이 자동으로 발생하지만, 내담자의 정서와 연합된 정서가 활성화되기 때문에 상담자의 정서는 억압되고 내담자를 공감하는 기제만 활성화된다고 설명하고 있다(반신환, 2010. 재인용).

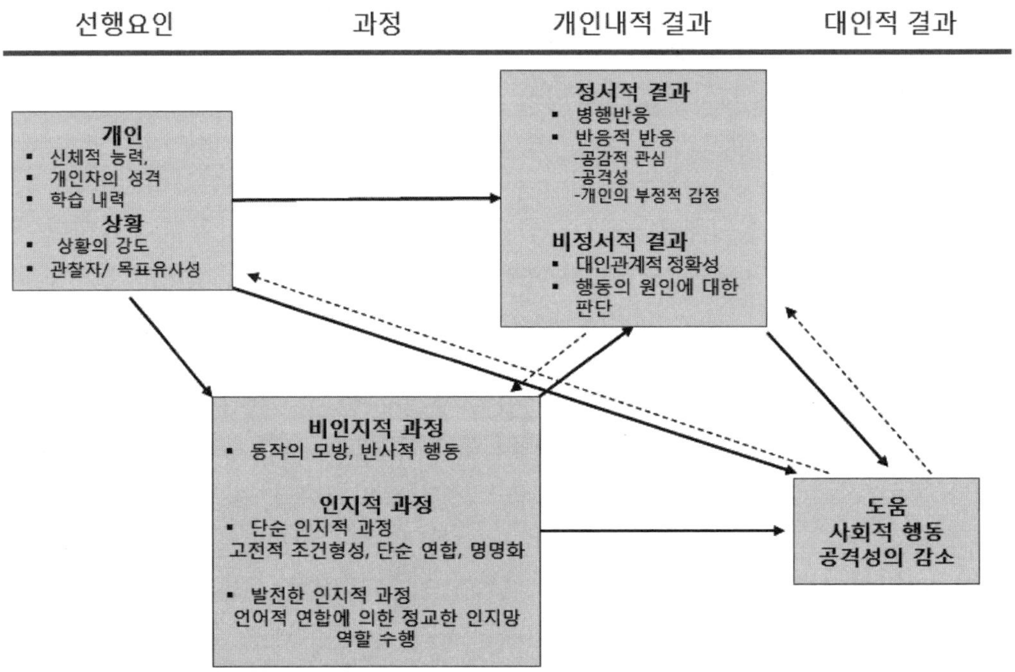

[그림 6] Davis, M. H.(1996)의 구조 모델의 흐름도 : Empathy. p. 219에서 인용

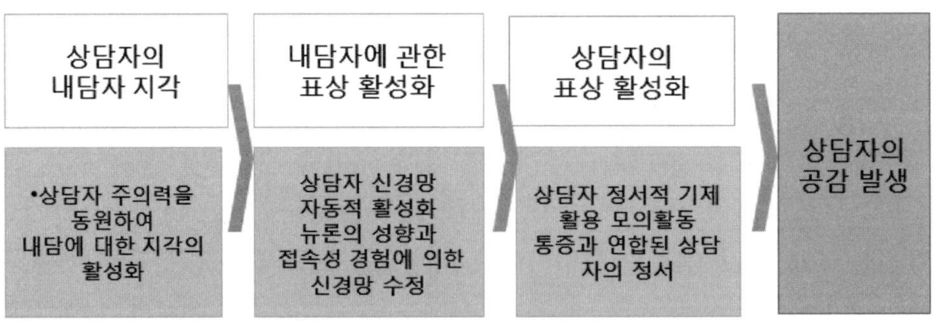

[그림 7] Preston과 De Waal(2002) 지각행동모형 반신환(2010)에서 재인용

2. 공감반응 훈련 모델

1) 공감과정을 이용한 공감반응 훈련 모델은 국내·외에서 학자들의 관심을 받았다. 해외연구와 국내연구에서 제안하는 공감과정을 응용하여 모델을 제시하였다.

훈련 모델 : 국외

Watson과 Greenberg(2009)는 공감 기술향상법으로 신경과학적 연구에 근거하여 6단계의 모형을 제안한다. 1단계로 심상 기술을 사용하여 내담자의 상황을 상상한다. 2단계에서 상담자는 자신의 신체에 주의력을 집중하여 활성화된 감각을 분별하며 3단계에서 내담자의 인생의 사소한 정화에 관해 경청하며 4단계에서 상담자는 자신의 경험을 탈중심화를 시키고 5단계에서 상담자는 자기성찰과 자기지각을 자각하여 6단계에서 내담자의 이야기와 비언어적 행동에서 감정을 발견하도록 하는 학습 방법이다.

훈련 모델 : 한국

국내에서 반신환(2010)은 위의 여러 모델을 종합하여 5단계의 거울뉴런에 근거한 공감훈련 원리를 제시한다. 첫째, 상담자는 내담자의 이야기를 들으면서 구체적으로 그리고 적극적으로 상상한다. 둘째, 상담자는 상담 상황에서 나타나는 내담자의 행동을 모방한다. 셋째, 상담자는 시간과 장소에 따라 변화하지만, 계속 이어지는 자기 자신을 지각하고 관찰한다. 넷째, 상담자는 내담자의 사적 세계와 생애 역사에 따른 정황을 알고 행동과 사건의 의미를 이해한다. 다섯째, 상담자는 자신과 내담자의 관점을 구별하고 자신의 관점을 탈중심화해서 감정을 조절한다.

1단계	심상기술을 사용해서 내담자의 인생에서 발생한 사건이나 경험을 적극 상상한다.
2단계	상담자는 자신의 신체를 집중해서 활성화되어 있는 느낌이나 감각을 분별한다.
3단계	내담자의 인생 경험의 사소한 부분과 정황을 신중하게 경청한다.
4단계	상담자는 자신의 경험으로부터 탈중심화 해서 타인의 관점을 수용한다.
5단계	상담자는 자기성찰과 자기지각을 배양한다.
6단계	타인의 이야기와 비언어적 행동에서 감정을 올바르게 발견하는 것을 학습한다.

[그림 8] Watson & Greenberg(2009)의 6단계 공감기술향상법

상상	내담자의 이야기를 들으면서 구체적이며 적극적으로 상상한다.
모방	상담상황에서 나타나는 내담자의 행동을 모방한다..
자기지각	시간과 장소에 따라 변화하는 자기 자신을 주의력의 대상으로 삼고 자신을 지각한다.
의미이해	내담자의 사적세계와 정황을 알고 내담자의 행동과 사건의 의미를 이해한다.
탈중심화	자신과 내담자의 관점을 구별하고 자신의 관점을 탈중심화 해서 감정을 조절한다.

[그림 9] 반신환(2010)의 거울 뉴론의 활성화를 활용한 공감반응 훈련 모델

2) 공감반응 훈련 프로그램의 효과성 연구 결과보고서를 공감능력향상훈련 프로그램이 폭넓게 실시되었으면 하는 바램으로 간략하게 정리하여 제시하였다.

공감훈련 효과의 경험적 증거

공감훈련 효과에 관한 연구 결과들 http://www.riss.kr/search에서 키워드 ‘공감과 프로그램’으로 확인한 바에 의하면 1999년부터 2019까지 20년 동안 학술지에서만 160개를 찾을 수 있었다. 대상은 유아에서 성인 부부, 학교폭력 가해자, 교사에 이르기까지 다양하였다. 방법적으로도 운동, 동화, 미술, 음악, 놀이 치료 등 다양했으며, 유의미한 효과도 있었다.
공감은 사회 전반적으로 직업 전문성을 향상하고 관계적 측면에서도 유용한 효과가 있었다.
이광열 외(2013)는 학교폭력 가해 보호관찰 청소년을 대상으로 공감 능력 향상 프로그램을 적용하고, 그들의 공격성과 정서 인식능력의 변화를 확인하였다. 양보혜 외(2009)도 초등 영재의 공감 능력을 향상할 수 있는 공감훈련 프로그램을 구안하여 경남에 있는 1개 지역교육청 산하 영재교육원에 영재로 선발되어 영재교육을 받는 아동들을 대상으로 연구한 결과 긍정적 이었다. 또한, 정진옥, 김수(2019)도 간호대학생을 대상으로 프로그램을 시행한바 공감적 대화, 공감적 표현, 위로와 치유의 경험 그리고 갈등 해결능력이 향상되었다고 보고한다. Faver, Alanis (2012)는 입양가정을 대상으로 이야기를 활용하여 공감능력활용을 향상하는 결과와 같은 해외연구에서도 같은 맥락을 읽을 수 있다.
이렇듯 공감은 훈련으로 그 능력이 향상된다는 보고는 연구보고를 통해 쉽게 확인할 수 있다.

3. 누구나 필요한*공감능력훈련 모델

1) 누구나 필요한*공감능력훈련 워크북에서는 위에 제시한 공감과정과 공감능력훈련모델에 관한 연구를 근간으로 훈련과정을 제안한다.

누구나 필요한*공감능력훈련 모델

누구나 필요한*공감능력훈련모델에서는 먼저, 1, 2단계에서 거울뉴런의 활성화를 목적으로 내담자의 행동을 무조건 따라 하며 상상하는 단계를 제안한다. 훈련워크북이기 때문에 각 단계를 하나씩 해보아야 이후 상담 현장에서 습관적으로 내담자의 행동을 '따라 하며', '상상하기'가 연합하여 행동화될 것이라고 판단되기 때문이다. 다음으로 내담자의 말에 주의집중하여 '경청하기' 단계를 제안한다. 내담자의 행동을 따라 하며 상상하기를 동시에 하면서 내담자의 언어적 비언어적 행동에 주의집중하여 경청하는 단계이다. 다음으로 내담자의 이야기를 경청하는 동안 형성된 상담자의 내적 상태에 주의를 기울이고 내담자의 생각이나 감정이 아닌 상담자의 생각과 감정을 관찰자의 관점에서 내담자의 것과 구분해야 하는 단계로 '자기지각하기'를 제안한다. 내담자의 생각과 감정가 구분된 상담자 자신의 감정과 생각을 구분하기는 쉽지 않지만 상담 현장에서 내담자를 완전하게 이해하기 위해서 그리고 상담자의 감정이 상담에 끼치는 부정적인 영향력을 예방하는 데 도움이 될 것으로 생각한다. 이제 내담자를 따라서 상상하며 주의집중 경청한 내담자의 세계를 이해하는 단계이다. 내담자의 세계를 공감적으로 이해한다는 것은 마치 내가 내담자처럼 내담자의 생각, 감정을 온전히 이해하고 아는 상태라고 할 수 있다. 마지막으로 이렇게 이해한 내담자의 세계에 관해 의사소통을 해야 한다. 이로써 내담자는 상담자가 자신을 이해하고 있다고 알게 되어 신뢰감을 쌓게 되고 자신을 개방하는 데 어려움을 느끼지 않게 된다.

누구나 필요한*공감능력훈련모델은 6단계로 따라하기, 상상하기, 경청하기, 자기지각하기, 내담자 이해하기 그리고 마지막으로 전달하기의 모델을 제시한다.

2) 누구나 필요한*공감능력훈련모델은 다음과 같은 6단계로 훈련하게 되어있다.

6 단계별 누구나 필요한*공감능력훈련 모델 설명

- 1단계 : 따라하기

공감능력훈련을 위한 첫 단계로 상담자의 거울뉴런의 활성화를 꾀하고자 한다. 이 단계에서 상담수련생들은 카드, 사례, 짝꿍 활동을 통해 다양한 상황에서의 타인의 비언어적 행동과 언어적 행동을 따라 한다.

- 2단계 : 상상하기

공감능력훈련을 위한 두 번째 단계에서 따라 하기를 계속하면서 타인의 다양한 상황에서의 내면적, 환경적 상황을 심상을 활용하여 상상하고, 표현해보는 훈련을 통해 내담자가 비언어적으로나 언어적으로 표현하고자 하는 행간을 상상하는 태도를 형성하고자 한다. 이 단계에서 상담수련생들은 카드, 사례, 짝꿍 활동을 통해 다양한 상황에서의 타인의 비언어적 행동과 언어적 행동을 따라하기를 하면서 카드, 사례, 짝꿍 활동이 갖는 상황들을 상상하는 훈련을 한다.

- 3단계 : 경청하기

공감능력훈련을 위한 네 번째 단계에서는 상담자는 내담자가 비언어적으로 언어적으로 자신에 관해 이야기하는 것을 경청하는 단계이다. 그러나 단순히 경청만 하는 단계는 아니고 앞서 1, 2, 3단계의 활동을 동시에 하면서 내담자에게 주의집중하여 공감적 경청을 하는 단계이다. 내담자가 말하고자 하는 내용을 완벽하게 들을 수 있어야 다음 단계로 넘어갈 수 있다. 본 단계에서는 따라하기, 상상하기, 지각하기를 사례, 짝꿍 활동을 하면서 타인이 이야기하는 것을 듣는 것에 집중하는 훈련을 통해 앞의 세 단계 활동이 동시적으로 가능하도록 하게 한다.

- 4단계 : 자기지각하기

공감능력훈련을 위한 세 번째 단계에서는 상담자 자신의 사고, 감정, 비언어적 행동들을 스스로 주의집중하여 지각하는 것을 훈련하는 단계이다. 자신을 지각하지 않고 자신이 느끼는 생각과 감정을 내담자에게 투사하는 것을 예방하고자 하는 단계이기도 하다. 반신환의 모델에서는 자기지각 이후 탈중심화 단계를 마지막에 제안하였지만, 본 모델에서는 지각하기 단계에서 자신에 대한 지각이 탈중심화에 이르도록 하는 과정을 제안한다. 그래서 이번 단계에서도 앞의 1, 2단계와 마찬가지로 카드, 사례, 짝꿍 활동을 통하여 따라 하기, 상상하기를 하면서 동시다발적으로 자신을 지각하는 활동을 한다. 활동 과정에서 자신의 지각을 언어화하여 탈중심화에 이르게 한다.

● 5단계 : 이해하기

공감능력훈련을 위한 5번째 단계에서 상담자는 따라 하기, 상상하기, 자기지각하기, 경청하기 활동으로 내담자를 이해하는 단계에 이르게 된다. 내담자의 생각과 감정을 파악하고 내담자가 무엇을 표현하고 전달하고자 하는지를 가능하면 정확하게 이해하도록 한다. 이 단계에서 상담자는 자기지각활동을 하여 자신이 내담자에게 느끼고 갖게 되는 생각을 지각해야하고 자신으로부터 탈중심하는 작업을 동시에 하며 내담자가 전달하고자 하는 내용을 내담자의 처지에서, 내담자의 참조체계를 통해 생각하고 느끼는 것을 파악해야 한다. 그래서 이 단계는 사례와 짝꿍 활동을 하면서 내담자를 이해한 것을 비언어적인 행동과 언어적인 행동으로 이해한 것을 말하는 활동을 포함한다.

● 6단계 : 전달하기

공감능력훈련을 위한 마지막 단계에서 상담자는 내담자에게 상담자가 내담자를 이해한 것을 전달하는 단계이다. 이 단계는 공감능력을 향상하는 단계는 아닐 수도 있지만, 공감적 이해를 사용하는 상담관계에서는 공감적 반영, 공감적 반응 또는 공감적 의사소통이 필연적이라고 본다. 공감적이라는 용어의 지속적인 확장이 이루어지고 있는 현상에서 보면 상담자가 공감적으로 이해한 내용을 내담자에게 비언어적인 방법으로나 언어적인 방법으로 반드시 공감적인 의사소통을 해야 하기 때문이다. 한편 상담자가 내담자를 이해했다는 것을 전달하는 과정에서 정확하게 공감을 했는지를 확인하는 것이 필요하기도 하다.

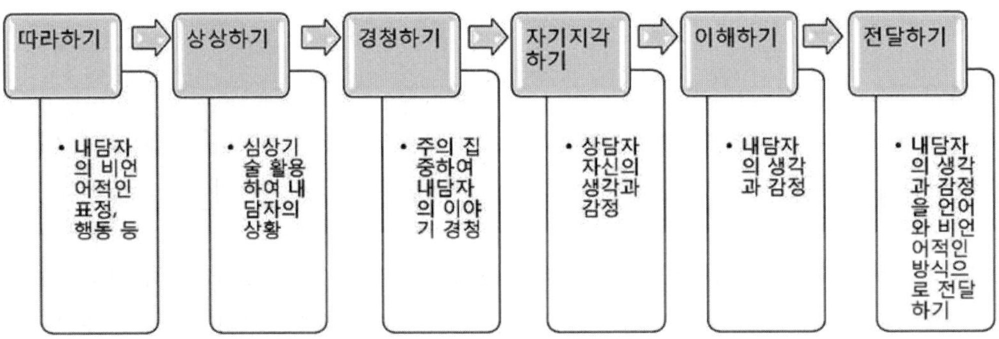

[그림 10] 누구나 필요한*공감능력훈련 워크북 모델

PART 3

공감능력훈련

3부에서는 앞에 제시한 6단계 누구나 필요한* 공감능력훈련모델을 단계별로 사례와 짝꿍과의 활동으로 실제로 훈련하는 것을 목표로 한다.
6단계를 차례대로 그에 필요한 활동을 제시하였으니 차례대로 과정을 따라가기 바랍니다.

제1장 들어가기

제1장 들어가기에서는 공감능력향상 훈련을 준비하는 과정으로 타인을 온전히 공감하는 데 방해가 될 수도 있는 편견에 대한 이해를 높이는 것을 목표로 한다.
공감능력을 측정, 관찰한 것이 진실인가를 확인, 타인의 입장이 되어보면 무엇을 알 수 있는지를 실험할 것이다. 따라서 학습자들은 제시된 내용을 자신에게 적용하면서 차근차근 따라 하도록 한다.

1. 지각된 현실

1) 무슨 일을 하는 사람인지 여러분이 생각한 것을 써봅시다.

2) 사진을 자세히 관찰하고 이 사람의 특징을 적어봅시다.

타인으로 살아보기

패드리샤 무어(Patricia Moore)는 70년대 뉴욕 맨해튼 한 가운데 있는 디자인 회사의 디자이너 이었다. 무어는 새 냉장고 모델을 디자인하기 위해 회의를 하던 중 "관절염을 앓는 사람들이 문을 좀 더 쉽게 열 수 있도록 디자인 할 수는 없을까요?"라고 말을 한 이후 무어는 85세 노파로 분장을 하고 1979년부터 3년 동안 노인들의 경험을 체험하였다. 무어는 지하철의 계단을 오르내리고, 만원 버스를 타고, 무거운 백화점 문을 밀고 들어가고, 혼잡한 도로의 횡단보도를 제시간 안에 건너가려고 애를 쓰며, 냉장고 문도 열어보았다. 결과적으로 무어는 패러다임을 바꾸는 디자이너가 되었으며 '공감 모델'로 유명해졌다.

2. 타인의 입장 되어보기

1) 두 사람씩 짝을 만들어 짝꿍과 신발을 바꿔 신고 주변을 2~3분 걸어봅니다. 아래에 쓰여있는 내용처럼 천천히 행동하며 느끼고 생각하는 것에 집중합니다.

☑ 발을 감싸는 느낌, 발바닥과 발등에 느껴지는 신발의 촉감이 어떠한지 주의를 기울여 그 느낌에 집중합니다.
☑ 발가락을 움직여보고 천천히 오른발, 왼발로 옮겨가며 내디뎌봅니다.
☑ 또 다른 사람의 신발로 바꿔 신어보고 촉감, 걸었을 때의 느낌, 시선의 움직임 등에 주의를 기울입니다.

• 다른 사람의 신발을 신어본 소감이 어떠한가요?

____

____

• 다른 짝꿍을 만들어 그 사람의 신발도 바꾸어 위에서처럼 걸어보고 그 느낌에 다시 집중해봅니다. 이 사람의 신발을 신어 본 느낌은 어떠한가요?

____

____

• 사진 관찰하기와 신발 바꿔 신기를 통해 학습한 내용을 적어봅니다.

____

____

제2장 따라하기

'따라 하기'는 공감능력훈련의 첫 단계입니다.
책 속의 글, 단어, 드라마 인물의 표정 등을 보면서 우리는 거울 뉴런의 반응으로 그들을 따라하기를 합니다.
공감능력훈련 첫 단계 따라하기에서는 타인의 표정과 말을 따라 하기를 하면서 타인의 비언어적 행동과 언어적인 행동이 갖는 의미를 이해하도록 하여 다음 단계 상상하기를 준비합니다.

1. 비언어적 행동 따라 하기

1) 감정단어 표현하기 : 혼자 하기

☑ 아래 감정단어가 나타내는 표정, 마음, 행동을 동시에 표현합니다.

1. 분하다	2. 답답하다	3. 짜증이 나다
4. 밉다	5. 부럽다	6. 편안하다
7. 얄밉다	8. 힘이 나다.	9. 긴장된다.
10. 안타깝다	11. 고맙다	12. 무섭다

• 어떤 감정단어를 따라 하기가 쉬웠나요?

____

____

• 어떤 감정단어를 따라 하기가 어려웠나요?

____

____

• 감정단어 따라 하기를 하면서 어떤 생각과 감정이 들었나요?

____

____

2) 짝꿍이 표현한 단어 상상하기 : 짝꿍과 같이

☑ 2명이 짝을 짓습니다.
☑ 한 사람이 먼저 아래의 감정단어를 무작위로 선택하여, 상대에게 보이지 않도록 주의를 하며 카드에 적힌 내용을 표현하는 행동, 표정, 마음을 동시에 역동적으로 말없이 표현합니다.
☑ 상대방은 그 모습을 그대로 말없이 진지하게 따라서 합니다.
☑ 각자 6개씩 12개의 카드에 나온 단어를 번갈아 가며 진행합니다.

1. 원망스럽다	2. 속상하다	3. 억울하다
4. 자신만만하다	5. 어색하다	6. 피곤하다
7. 뿌듯하다	8. 조마조마하다	9. 불편하다
10. 미안하다	11. 황당하다	12. 아쉽다

• 어떤 감정단어를 따라 하기가 쉬웠나요?

____

• 어떤 감정단어를 따라 하기가 어려웠나요?

____

• 서로 마주 보고 따라 하기를 하면서 어떤 생각과 감정이 들었나요?

____

2. 언어적 행동 따라 하기

1) 카드 문장 따라하기 : 혼자 하기

☑ 아래의 문장이 포함하고 있는 사고와 감정도 같이 생각하고 느끼면서 한 문장씩 천천히 소리 내어 읽는다.

1. 꿈을 이루기를 바라나요?	2. 보살핌을 받고 싶나요?	3. 몸, 마음이 건강하고 싶나요?
4. 즐거움을 원하나요?	5. 마음껏 울고 싶나요?	6. 소속되고 싶나요?
7. 배려받고 싶나요?	8. 색다른 것을 해보고 싶나요?	9. 새로운 도전을 하고 싶나요?
10. 원하는 것을 자유롭게 선택하고 싶나요?	11. 능숙하게 잘했으면 좋을까요?	12. 생각, 감정을 표현할 수 있으면 좋을까요

• 문장을 읽을 때 그 내용에 해당이 있는 생각과 감정이 잘 떠오른 문장은 어떤 것인가요?

• 문장을 읽을 때 그 내용에 부합하는 생각과 감정이 잘 떠오르지 않은 카드는 어떤 것인가요?

---

2) 짝꿍이 표현한 문장 따라하기 : 짝꿍과 같이

☑ 2명이 짝을 짓습니다.
☑ 한 사람이 먼저 아래의 문장을 무작위로 선택하여, 상대에게 보이지 않도록 주의하며 카드에 적힌 내용을 몸과 마음으로 역동적으로 표현합니다.
☑ 상대방은 그 모습을 그대로 진지하게 따라서 합니다.
☑ 각자 6개씩 총 12개의 카드에 나온 자세를 모두 따라서 합니다.

1. 고마운 마음을 표현하길 바라나요?	2. 보람, 만족을 느끼고 싶나요?	3. 존중받고 싶나요?
4. 돌보이고 싶나요?	5. 휴식이나 잠이 필요한가요?	6. 있는 그대로 받아주길 바라나요?
7. 사랑을 받거나 주고 싶나요?	8. 목표를 이루고 싶나요?	9. 관심받고 싶은 건가요?
10. 꿈을 이루길 바라나요?	11. 친구 사이에 우정을 나누고 싶나요?	12. 서로 소통하고 싶은가요?

• 어떤 문장의 내용을 따라서 말하기가 쉬웠나요?

___

• 어떤 문장의 내용을 따라서 말하기가 어려웠나요?

___

• 서로 마주 보고 따라서 말하기를 하면서 어떤 생각과 감정이 들었나요?

___

3. 언어적, 비언어적 행동 따라하기

1) 짝꿍이 만들어 읽은 문장 그대로 따라 읽기 : 짝꿍과 같이

☑ 각자 생각나는 대로 3개의 길지 않은 문장을 만듭니다.
☑ 2명이 짝을 짓습니다.
☑ 한 사람이 먼저 자신이 작성한 문장 하나를 소리 내어 말하면서 표정과 행동으로도 표현합니다.
☑ 다른 사람은 주의하여 듣고, 말하는 사람의 표정과 자세를 관찰하고 상대가 말한 문장을 그대로 반복하여 말하면서 똑같은 자세와 표정을 지어봅니다.
☑ 교대로 세 번을 반복하여 서로 말과 자세를 따라서 합니다.

1. ____________________

2 ____________________

3. ____________________

• 서로 마주 보고 상대방을 관찰하고 상대방이 말한 문장을 따라 하면서 어떤 생각과 감정이 들었나요?

____

제3장 상상하기

'상상하기'는 공감능력훈련 두 번째 단계입니다.
말하는 사람의 이야기를 들으면서 무엇을 말하고 있는지를 듣는 사람이 말하는 사람의 입장을 상상하는 단계입니다.
상상하기 단계에서는 훈련하는 사람 자신의 지적능력과 오감을 발휘하도록 합니다. 집중하여 실습하면 내담자의 세계를 알아가게 됩니다.

1. 단어와 문장 상상하기

1) 카드 단어 상상하기 : 혼자 하기

☑ 혼자서 감정 카드에 적혀있는 내용을 하나씩 행동과 감정을 표현하면서 따라서 합니다.

1. 막막하다	2. 귀찮다	3. 후회스럽다
4. 사랑스럽다	5. 놀라다	6. 부담스럽다
7. 허전하다	8. 걱정되다	9. 힘들다
10. 혼란스럽다	11. 불안하다	12. 섭섭하다

• 자세와 표정을 하면서 상상하는 활동이 어땠나요?

____

____

• 자세와 표정을 하면서 상상하기를 할 때 어떤 생각과 기분이 들었나요?

____

____

2) 짝꿍이 읽는 문장의 정서를 상상하기 : 짝꿍과 같이

☑ 2명이 짝을 짓습니다.
☑ 한 사람이 먼저 문장을 무작위로 선택하여 카드에 적힌 내용을 행동을 표현하면서 읽습니다.
☑ 다른 사람은 문장을 들으며 상상해보고 말로 표현합니다. 예를 들어, '화난 것처럼 보여요. 힘든 것이 있으셨나 봐요'
☑ 각자 6개씩 총 12개의 카드에 나온 문장을 표현하는 취하고 상대방은 관찰된 모습을 말로 표현합니다.

1. 아무런 할 일이 없다.	2. 아무것도 하기 싫다.	3. 지난 3년 동안 한 것이 없다.
4. 내 여자 친구는 하는 일마다 예쁘다.	5. 엄마에게 성적을 보여 드렸다	6. 부모님의 기대는 언제나 늘 그렇다.
7. 단짝 친구가 교환학생을 갔다.	8. 원하는 곳에 취업을 할 수 있을지...	9. 원하는 대학에 가는 것이 소원이지만...
10. 갑자기 두 사람이 좋다고 한다.	11. 시험이 곧 다가온다.	12. 내 마음을 알아주는 게 어려운가 보다.

• 상대방이 읽는 문장을 들으면서 상상하기 활동이 어땠나요?

____

____

• 상대방이 자신의 자세와 표정을 보고 반응할 때 어떤 생각과 기분이 들었나요?

____

____

2. 사례주인공 상황 상상하기

1) 사례를 읽으면서 상상하기: 혼자 하기

☑ 사례를 천천히 읽습니다.
☑ 사례주인공이 전달하려는 생각과 행동, 마음을 따라하기를 하며 주인공의 세계를 상상해봅니다.

사례 1

네.. 좀.. 네, 큰아빠..가 반대가 심했고, 고모도 반대 심하고, 이모도 반대하고... 그 다했어요. 친척들이, 반대를..... 관.. 그... 관계 틀어졌잖아요. 좀.... 친척들 걱정이, 친척들이 반대를 엄청 반대한 거..게 제일 큰 것 같고요...그냥 뭐 그냥... 이것저것 겹쳐지면서... 그랬던 것 같애요...

사례 2

반에서 아무래도 아이들이랑 어울리는 게 힘들고 그러다 보니 자퇴하고 싶다. 중학교 때까지는 친구가 없어도 잘 지내는 편이었고, 이번에 어떻게든 지내보려고 했는데, 같은 반에서 같이 지내던 애가 자신과 지내면서 다른 아이를 욕하다가, 이제는 또 본인이 욕하던 그 아이와 친하게 지내고 있음. 그러다보니 어찌해야 할지 모르는 상황이 되었다.

• 사례를 읽으며 자세와 표정을 지어볼 때 어떤 생각과 기분이 들었나요?

____

____

• 사례를 읽으며 자세와 표정을 지어보는 상상하기 활동이 어땠나요?

____

____

2) 사례 읽는 것을 들으며 상상하기 : 짝꿍과 같이

☑ 2명이 짝을 짓고 마주 봅니다.
☑ 한 사람이 먼저 사례를 무작위로 선정해서 사례를 읽습니다. 사례를 읽을 때는 주인공이 생각하는 것과 느끼는 것을 상상하며 역동적으로 표현합니다.
☑ 상대방은 그 내용을 들을 때 따라하기도 하면서 주인공의 상황이나 생각, 심정이 어떠한지 상상해보고 말로 표현합니다. 작업할 때는 언제든지 따라하기, 상상하기를 동시에 진행합니다.
☑ 각자 2개씩 총 4개의 사례를 읽고 사례 주인공의 상황, 생각과 감정을 말로 표현하면 됩니다.

사례 1

몇 주 전에 엄마한테 우리 때문에 이혼 못하는 거면 우리는 상관 안 하니까 하고 싶으면 해도 된다고 말한 적 있지만. 아빠는 밥을 먹다가도 갑자기 소리 지르며 화를 내고 자기 뜻대로 안되면 무조건 난리가 난다. 엄마는 사실 꼼짝 못하시지만, 그래도 이혼이라도 하면 좋겠다 싶어 그렇게 오빠랑 나랑 엄마한테 이야기 했다.

사례 2

어~ 이번엔 그래도 수학공부 많이해서 괜찮아요. 전 한국사가 제일 어려워요. 한국사는 하기가 싫어요. 한국사 선생님도 좀 제 맘에 안들어가지고. 원래 선생님이 맘에 안들면 공부하기 싫단말이에요. 그래가지고 한국사 좀 어려워요. 시험도 어려워요. 외우는게 전 또 외우는 게 좀 안맞단말이에요. 근데 외우는 것도 너무 많고 그래가지고…

사례 3

누군가가 업무 협의를 다 끝내고 원하는 걸 다 결정해서 아 이제 다 끝냈어라고 나한테 전달하면, 나는 시스템적으로 '이건 이렇게 됩니다.', '이건 안됩니다.' 이렇게만 얘기하면 되는데… 사람들은 나에게 안되는 이유 등을 화를 내면서 달겨드니까 일이 더 힘들어 지고 지친다.

사례 4

엄마 아빠 맨날 싸우다보니까 사춘기가 왔는데, 저는 우리 아들이 되게 착한 줄 았았어요. 성격은 좋은데 교우관계를 잘 못하더라구요. 근데 중학교 졸업할 때쯤 되니까 조금 친구들을 정리하기는 했는데 고등학교에 가서 선생님과 계속 마찰이 있더라구요. 선생님의 틀을 벗어나더라구요. 선생님은 학교부적응이라고 이런 애들은 결국 학교를 벗어난다고 하더라구요. 그래서 상담을 보냈죠. 작년 9월부터 시작해서 10월부터 정식 상담 들어갔어요. 일단 상담하고 일단 학교는 힘들이지 않고 잘 가더라구요. 상담을 받으면서 아이가 문제가 있는 게 아니라 가족 안에서의 문제가 그렇게 표출된거잖아요. 그래서 저로 인해서 일어난 부분도 있고 그렇잖아요. 사실은 이성적으로는 그 순간에 이렇게 해야지 하는데 감정조절이 잘 안되요.

• 상대방이 자신의 자세와 표정을 보고 반응할 때 어떤 생각과 기분이 들었나요?

____

____

• 상대방의 자세와 표정을 보고 상상하는 활동이 어땠나요?

____

____

3) 말하는 사람의 이야기를 직접 들으며 상상하기 : 짝꿍과 같이

☑ 2명이 짝을 짓고 마주 봅니다.
☑ 각자 경험 속에서 3가지씩의 상황을 씁니다.
☑ 한 사람이 하나를 선정해서 기록한 상황을 짧은 이야기로 표현합니다.
☑ 상대방은 내용을 들으며(아무런 언어적 반응 없이) 따라하기를 하고 주인공의 상황이나 생각, 심정을 상상하기를 합니다. 말하는 사람의 말과 나의 상상이 끝나면 상상한 것을 말로 표현하기도 하면서 합니다.
☑ 각자 3개씩 총 6개의 사례를 번갈아 합니다.

상황 1

상황 2

상황 3

• 상대방이 내 이야기를 듣고 상상한 것을 말해줄 때 어땠나요?

• 상대방의 이야기를 들으면서 상상하는 활동이 어땠나요?

• 상대방의 이야기를 들으면서 상상한 것을 반응하는 활동은 어땠나요?

제4장 경청하기

'경청하기' 활동은 공감훈련 세 번째 단계입니다.
경청하기 단계에서부터는 말하는 사람의 세계를 이해하기 위해 이야기를 보다 집중해서 들어야 하는 단계입니다. 말하는 사람의 이야기에 집중해서 듣지만, 이제까지의 따라하기, 상상하기, 자기지각하기의 전(全) 단계를 동시에 진행합니다.
말하는 사람의 이야기를 경청하면서 이야기의 주요 내용, 내담자의 상황, 내담자의 생각, 내담자의 감정을 이해해야 하며 자신에게 드는 생각과 감정을 변별합니다. 그래야 말하는 사람을 정확하게 공감할 수 있습니다.
워크북에 제시된 대로 차례대로 차분하게 따라 합니다.

1. 언어 반응 없이 경청하기

1) 언어 반응 없이 경청하기 : 짝꿍과 같이

☑ 2명이 짝을 짓고 마주 봅니다.
☑ 각자 최근 자신의 상황을 짧은 내용, 중간 내용, 긴 내용을 적어봅니다.
☑ 한 사람이 먼저 자신이 작성한 상황 중 짧은 것부터 선정해서 이야기합니다.
☑ 상대방은 언어 반응 없이 끝까지 경청합니다.
☑ 교대로 반복하면서 시간을 1, 3, 5분씩 이야기합니다.

상황 1

____

____

상황 2

____

____

____

상황 3

____

____

____

____

____

• 자신이 이야기하는 동안 상대방이 반응 없이 경청한 것이 어땠나요?

• 이야기를 듣는 사람은 들으면서 반응을 하지 않는 것이 어땠나요?

• 이야기를 하는 사람은 상대방이 무조건 들을 때 시간의 길이에 따라 어떤 생각이 들었나요?

• 이야기를 듣는 사람은 말없이 시간의 길이에 따라 어떤 생각이 들었나요?

2) 이야기하는 사람을 따라하기, 상상하기를 하면서 경청하기

☑ 2명이 짝을 짓고 마주 봅니다.
☑ 각자 최근 자신의 상황을 짧은 내용, 중간 내용, 긴 내용을 적어봅니다.
☑ 한 사람이 먼저 자신이 작성한 상황 중 짧은 것부터 선정해서 이야기합니다.
☑ 상대방은 언어 반응 없이 따라하기, 상상하기를 하면서 끝까지 경청합니다.
☑ 교대로 반복하면서 시간을 1, 3, 5분씩 이야기합니다.

상황 1

상황 2

상황 3

• 이야기를 하는 동안 듣는 사람이 자신의 비언어적 반응을 따라 할 때 어땠나요?

• 이야기를 듣는 사람은 이야기하는 사람의 이야기를 들으면서 따라하기, 상상하는 것이 어땠나요?

2. 최소한 언어적 반응하며 경청하기

1) 최소한의 격려로 계속 말하도록 도우며 경청하기 : 짝꿍과 같이

☑ 2명이 짝을 짓고 마주 봅니다.
☑ 각자 최근 자신의 상황을 두 가지를 적어봅니다.
☑ 한 사람이 먼저 자신이 작성한 상황 중 한 가지 상황을 선정해서 이야기합니다.
☑ 이야기를 듣는 사람은 "음", "네", "아" 등과 같은 최소한의 언어적 격려를 하여 이야기하는 사람이 말을 계속할 수 있도록 도와줍니다.
☑ 교대로 반복하면서 시간을 3분씩 이야기합니다.

상황 1

____

____

상황 2

____

____

- 이야기를 하는 동안 듣는 사람이 가벼운 격려를 하면서 경청을 할 때 말하기가 어땠나요?

____

____

- 이야기를 듣는 사람은 가벼운 격려를 하면서 경청하기까지의 훈련 전 과정을 동시에 진행하기를 하면서 어떤 점이 어려웠고 어떤 점에서 의미가 있었나요?

____

____

2) 간단한 언어로 반응하며 계속 말하도록 도우며 경청하기 : 짝꿍과 같이

☑ 2명이 짝을 짓고 마주 봅니다.
☑ 각자 최근 자신의 상황을 두 가지를 적어봅니다.
☑ 한 사람이 먼저 자신이 작성한 상황 중 한 가지 상황을 선정해서 이야기합니다.
☑ 이야기를 듣는 사람은 5단어 이내의 인정 재확인 반응을 하며 이야기하는 사람이 말을 계속할 수 있도록 도와줍니다.
☑ 교대로 반복하면서 시간을 3분씩 이야기합니다.

상황 1

____

____

상황 2

____

____

• 이야기를 하는 동안 내 이야기를 듣는 사람이 인정-재확인 반응을 하며 경청을 할 때 말하기가 어땠나요?

____

____

• 이야기를 듣는 사람은 이야기하는 사람의 이야기를 들으면서 따라하기 상상하기를 동시에 진행하면서 어떤 점이 어렵거나 의미가 있었을까요?

____

____

경청할 때의 주의점

- 내담자의 이야기, 경험, 내담자의 관점, 내담자의 결정, 내담자의 의향과 제안, 기회와 자원, 내담자의 정서, 내담자의 비언어적 메시지를 주의한다.
- 내담자의 핵심메시지와 감정을 확인한다.
- 상황을 통해 내담자를 이해한다.
- 특정 관점이나 경향에 집중한다.
- 내담자가 빠뜨린 부분을 고려한다.
- 경청할 때 상담자의 내적 대화도 집중한다.
- 내담자의 말을 여과하지 않는다.
- 평가적으로 듣지 않는다.
- 정형화된 방법으로 듣지 않는다.
- 사람보다는 사실 중심으로 듣지 않도록 한다.
- 동정적으로 듣지 않는다.
- 내담자가 말할 때 끼어들지 않는다.

경청할 때의 최소한의 언어적 행동

● 최소한의 격려

상담자가 "음", "네", "아", "응", "어"와 같은 간단한 단어를 사용하여 상냥하게 간접적으로 도움을 주면서 대화의 흐름을 감지하면, 내담자는 자신이 하고 싶은 이야기를 계속하게 격려를 받게 된다.

최소한의 격려는 언어뿐 아니라 가벼운 머리 끄덕임과 부드럽게 쳐다보기, 주의 집중하기 등을 포함한다.

과다하게 머리를 끄덕이거나 뚫어져라 쳐다보거나 "음"이나 "아" 등을 너무 자주 사용하는 것은 내담자를 방해하게 되므로 주의해야 한다.

● 인정-재확인

내담자에게 심리적인 강화를 제공한다.

내담자를 이해하고 있다는 것을 확인시킨다.

탐색을 촉진하여 내담자의 깊은 곳까지 계속 이야기를 할 수 있는 안정적 기반을 제공한다.

5단어 이내의 인정-재확인 예

√ 정말 그렇군요.
√ 놀랍네요.
√ 참 안됐어요.
√ 좋지 않은 상황이네요.
√ 다루기 어려운 문제죠.
√ 자연스러운 거죠.
√ 굉장하네요.
√ 나도 거기 가봤어요.
√ 좋은 시도네요.
√ 그렇게 할 수 있다니 정말 대단해요.
√ 나도 그래요.
√ 무슨 일인지 알 수 있어요.
√ .....

제5장 자기지각하기

'자기지각하기'는 공감능력훈련, 네 번째 단계입니다.
이야기를 들을 때 듣는 사람에게 일어나는 생각과 감정을 스스로 알아차리는 능력을 높이는 활동입니다.
말하는 사람의 이야기를 들을 때 내게 일어나는 생각과 감정을 분리해서 말하는 사람의 이야기를 완전하게 공감하기 위한 활동입니다.
누군가를 공감하는 것은 내 생각과 감정과는 독립된 다른 사람의 생각과 감정과는 완전히 독립적인 활동입니다. 따라서 듣는 사람의 생각과 감정은 말하는 사람의 생각과 감정은 타인의 것을 오염시키기 때문에 공기정화장치와 같은 것입니다.
집중하여 실습하면 내담자의 세계를 완전하게 알아가게 되는 데 도움이 됩니다.

1. 현재 이 순간 나의 내면 알아차리기

1) 현재 나에게 떠오르는 것 알아차리기 : 혼자 하기

☑ 자기 자신을 지각하기 위해서 자신의 신체와 정신세계를 스캔합니다.
☑ 나의 몸에 집중해 봅니다.
☑ 나의 정신세계에 집중해 봅니다.
☑ 나의 몸과 정신세계에 동시에 집중해 봅니다.
☑ 지금, 이 순간 떠오르는 생각이나 감정을 아래의 칸에 작성해봅니다.
☑ 예시: '집에 돌아가면 뭘 할까?', '아까 집에서 나올 때 엄마가 아프다고 했는데 병원에는 가셨을까?'

• 나는 지금 ______________________________

____
____
____
____
____

• 이 활동하면서 어려웠던 것은 무엇입니까?

____
____
____

2) 현재 나에게 떠오르는 것 생각과 감정을 표현하기 : 혼자 하기

☑ 자기 자신을 지각하기 위해서 자신의 신체와 정신세계를 스캔합니다.
☑ 나의 몸에 집중해 봅니다.
☑ 나의 정신세계에 집중해 봅니다.
☑ 나의 몸과 정신세계에 동시에 집중해 봅니다.
☑ 지금, 이 순간 떠오르는 생각이나 감정을 아래의 칸에 작성해봅니다.
☑ 예시: '집에 돌아가면 뭘 할까?', '아까 집에서 나올 때 엄마가 아프다고 했는데 병원에는 가셨을까?'
☑ 지금, 이 순간 떠오르는 감정을 마치 실시간 중계하듯 말로 표현합니다.
☑ 예시. '두렵다' '짜증이 난다.' '심심하다'

• 나는 지금 ______________________________

____

____

____

• 이 활동을 한 소감은 무엇입니까?

____

____

____

____

2. 사례를 읽으면서 이 순간 자신을 알아차리기

1) 사례를 읽으며 자기지각한 것을 말로 표현하기 : 혼자 하기

☑ 아래에 제시된 4가지 사례를 읽습니다.
☑ 각 사례를 읽을 때마다 자신에게 떠오르는 생각과 감정을 지각하고 이를 아래의 빈칸에 작성해봅니다.
☑ 예시: '내가 어떻게 대해야 할지 막막하다', '부담스럽다', '엄마가 아까 전화를 주셨는데 도중에 끊겼는데 무슨 얘길 하려던 걸까? 궁금하다'

사례1

어렸을 땐 무서워했고, 중학교 1학년 때는, 막... 좀. 이상한... 좀 어두운 생각도 했던 것 같긴 하지만, 지금 와서는 그냥... 어떻게 하면... 잘 죽나..(2초 침묵) 그까... (말 빨라지며) 지금 죽겠다 는 것은 아니지만...

• 자기지각 내용 ____________________

____

사례2

음~ 근데 제가 고데기를 진짜 못 말아요. 머리가 짧을 땐 고데기가 엄청 잘 말리는데 (응) 앞머리가 조금만 길면 이리 꼬이고 저리 꼬이고 막 이래 가지고 제가 옛날부터 머리가 매직을 7번을 했는데 머리가 아직도 안풀렸어요.

• 자기지각 내용 ____________________

____

사례3

할 수 없잖아요. 그런데 어머니는 제 곁에 계시니까 제가 도울 수 있다면 어머니를 도울 수는 있는 거죠. 저는 그래요. 제가 살고 싶은 현실대로 살아와지지 않았잖아요. 말로 하려니까 어렵다. 그 자신감이라는 거는 닥치면 다 해낼 수 있다는 자신감으로 살아왔어요. 그런데 그 자신감이 몸도 아프고 그 강도가 더 심해지니까 한계가 느껴지는 거예요. 위기감이랄까. 근데 인제 힘들어서 쓰러질 것 같아. 수 있는 자신감도 갖고 싶다는 거에요. 짜증나고 신경질 나는 상황에서 내가 어떻게 감정을 추스릴지 잘 안 되는 거예요.

• 자기지각내용 ______________________________

사례4

네 왜냐하면 은주는 계속 말이 없잖아요. 그래서 얘도 지금 지쳤고.. 그리고 저 점심 먹는 동안 둘이서 할 얘기도 없고. 오늘도 은주는 밖에 혼자 나가서 산책하고 그랬어요. 그냥 그렇게 지냈어요.네 담임선생님이 자꾸 저를 칭찬하니까 제가 약간 부담스럽기도 해요. 너무 기대가 크면 부담스러워요. 그만큼 잘하지 못하면 또 실망할까봐. 친구 부분도 그렇고, 물론 오늘은 좋았어요. 음 근데 매일 매일 그럴 순 없잖아요. 보통 수행평가 대부분 팀 활동 하니까 그것도 좀 걱정되고, 2학기 때 공부도 좀 걱정되고.. 공부에 신경을 잘 안 쓸까봐 걱정되고.

• 자기지각 내용 ______________________________

• 사례를 읽으면서 자기 생각과 감정을 지각하는 것이 어땠나요?

____

3. 실제 이야기를 들으면서 자기 자신 알아차리기

1) 언어 반응 없이 경청하면서 자기지각하기 : 짝꿍과 같이

☑ 2명이 짝을 짓고 마주 봅니다.
☑ 먼저 각자 최근에 있었던 두가지 상황을 간략하게 작성합니다.
☑ 한 사람이 먼저 자신이 작성한 상황을 마치 친구에게 이야기하듯이 말로 표현합니다.
☑ 이야기하는 사람의 말을 경청하면서 동시에 자기 생각과 감정을 지각합니다.
☑ 자신의 내면에서 떠오르는 것을 독백으로 표현합니다.
☑ 예시: '내가 어떻게 대해야 하나 막막하다', '부담감이 올라온다.', 지금 딴생각이 떠오른다.', '집중이 안 된다.'
☑ 교대로 같은 활동을 반복합니다.

상황 1

___

___

___

상황 2

___

___

___

• 자기지각 내용 ___

___

• 자기지각 내용 ___

___

2) 언어로 반응하며 자기지각하기 : 짝꿍과 같이

☑ 2명이 짝을 짓고 마주 봅니다.
☑ 각자 최근 자신의 상황을 두 가지를 적어봅니다.
☑ 한 사람이 먼저 자신이 작성한 상황 중 한 가지 상황을 선정해서 이야기합니다.
☑ 이야기를 듣는 사람은 5단어 이내의 인정 재확인 반응을 하며 이야기하는 사람이 말을 계속할 수 있도록 도와줍니다.
☑ 교대로 반복하면서 시간을 3분씩 이야기합니다.

상황 1

____
____
____
____

상황 2

____
____
____
____

• 자기지각 내용 ______________________________
____

• 자기지각 내용 ______________________________
____

- 경청하면서 자기지각을 하는 데 어려움이 있었다면 어떤 이유에서 그랬을까요?

- 이야기를 듣는 사람은 말하는 사람의 이야기를 들으면서 자기 생각과 감정을 어떻게 지각하는 데 방해가 있었나요?

- 이야기를 듣는 사람은 말하는 사람의 이야기를 들으면서 자기 생각과 감정을 어떻게 지각할 수 있었나요?

- 자기지각하기 활동을 하면서 무엇을 학습하였는지 정리하여 작성해보세요.

제6장 이해하기

'이해하기'는 공감능력훈련의 다섯 번째 단계입니다. 이해하기에서는 말하는 사람의 세계를 가능한 한 완전하게 이해하기(공감)를 할 수 있도록 훈련하는 단계입니다.

물론 이제까지의 전(全) 과정을 반복하면서 내담자의 생각과 감정을 공감하도록 해야 합니다. 훈련 초기에는 전(全) 과정을 되풀이하는 것이 번거롭게 생각될 수 있을 것입니다. 그러나 반복 학습으로 연합이 이루어지면 현장에서 내담자의 말을 들을 때 자동으로 전 과정이 반복될 것입니다. 정확한 이해하기(공감)가 목적이 되어야 합니다.

제시된 순서를 차분하게 빠짐없이 따라 합니다.

1. 사례주인공 공감과정 없이 이해하기

1) 사례의 주인공 무조건 이해하기 : 혼자 하기

☑ 아래에 제시된 3가지 사례를 읽습니다.
☑ 각 사례를 읽을 때 사례주인공에 대한 이해를 아래의 빈칸에 작성해봅니다.

사례 1

엄마 아빠가 막 소리 지르면서 싸우면 정말 숨 막히고 답답해서 죽을 지경이에요. 친구랑 놀 때도 자꾸 생각나고요, 숙제할 때도 집중이 안 돼요.

나는 ______________________________ 이해하였다.

사례 2

친구랑 사이 나빠질 때 자괴감이 든다. 아니면 가족끼리 되게 크게 싸울 때.. 화장실 들어가서 울 때 그런 생각이 제일 많이 났었던 거 같다.

나는 ______________________________ 이해하였다

사례 3

갈까 말까 왜냐면 그 사회복지 자격증을 실습만 받으면은 딸 수 있거든요. 근데 실습을 받고 자격증을 딸까 어떡할까 막 고민하다가 그냥 포기했어요. 포기하고 그냥 졸업해야지. 사실은 계속 졸업을 작년부터 할 수 있었는데 사실은 사회복지사 자격증을 딸려고 미뤘어요. 미뤘는데, 그걸 딸려고 사실은 미뤘는데 이 나이에 자격증 따서 과연 써먹을까 이런 생각이 인제 들면서 그냥 말자 그렇게 결론을 내렸어요.

나는 ______________________________ 이해하였다

2) 사례주인공의 생각을 이해하기 : 혼자 하기

☑ 아래에 제시된 3가지 사례를 읽습니다.
☑ 각 사례를 읽을 때 사례주인공의 생각이라고 여겨지는 것을 빈칸에 작성해봅니다.

사례 1

엄마 아빠가 막 소리 지르면서 싸우면 정말 숨 막히고 답답해서 죽을 지경이에요. 친구랑 놀 때도 자꾸 생각나고요, 숙제할 때도 집중이 안 돼요.

나는 사례주인공 생각은 ______________________________ 이해하였다.

사례 2

친구랑 사이 나빠질 때 자괴감이 든다. 아니면 가족끼리 되게 크게 싸울 때.. 화장실 들어가서 울 때 그런 생각이 제일 많이 났었던 거 같다.

나는 사례주인공 생각은 ______________________________ 이해하였다.

사례 3

갈까 말까 왜냐면 그 사회복지 자격증을 실습만 받으면은 딸 수 있거든요. 근데 실습을 받고 자격증을 딸까 어떡할까 막 고민하다가 그냥 포기했어요. 포기하고 그냥 졸업해야지. 사실은 계속 졸업을 작년부터 할 수 있었는데 사실은 사회복지사 자격증을 딸려고 미뤘어요. 미뤘는데, 그걸 딸려고 사실은 미뤘는데 이 나이에 자격증 따서 과연 써먹을까 이런 생각이 인제 들면서 그냥 말자 그렇게 결론을 내렸어요.

나는 사례주인공 생각은 ______________________________ 이해하였다.

3) 사례주인공의 감정을 이해하기 : 혼자 하기

☑ 아래에 제시된 3가지 사례를 읽습니다.
☑ 각 사례를 읽을 때 사례주인공이 느끼는 감정을 빈칸에 작성해봅니다.

사례 1

엄마 아빠가 막 소리 지르면서 싸우면 정말 숨 막히고 답답해서 죽을 지경이에요. 친구랑 놀 때도 자꾸 생각나고요, 숙제할 때도 집중이 안 돼요.

나는 사례주인공 감정은 ____________________ 이해하였다.

사례 2

친구랑 사이 나빠질 때 자괴감이 든다. 아니면 가족끼리 되게 크게 싸울 때.. 화장실 들어가서 울 때 그런 생각이 제일 많이 났었던 거 같다.

나는 사례주인공 감정은 ____________________ 이해하였다.

사례 3

갈까 말까 왜냐면 그 사회복지 자격증을 실습만 받으면은 딸 수 있거든요. 근데 실습을 받고 자격증을 딸까 어떡할까 막 고민하다가 그냥 포기했어요. 포기하고 그냥 졸업해야지. 사실은 계속 졸업을 작년부터 할 수 있었는데 사실은 사회복지사 자격증을 딸려고 미뤘어요. 미뤘는데, 그걸 딸려고 사실은 미뤘는데 이 나이에 자격증 따서 과연 써먹을까 이런 생각이 인제 들면서 그냥 말자 그렇게 결론을 내렸어요.

나는 사례주인공 감정은 ____________________ 이해하였다.

• 이 활동을 하면서 무엇을 알게 되었습니까?

무조건 이해하기에서는

사고를 이해하기에서는

감정을 이해하기에서는

• 이 활동을 하면서 어떤 어려움이 있었습니까?

무조건 이해하기에서는

사고를 이해하기에서는

감정을 이해하기에서는

• 생각과 감정을 나누어서 하는 활동을 통해 학습한 내용을 정리합니다.

2. 언어 반응 없이 공감과정을 적용하며 사례주인공 이해하기

1) 따라하기, 상상하기, 경청하기, 자기지각 활동을 하면서 주인공의 생각 이해하기 : 짝꿍과 같이

☑ 아래에 제시된 3가지 사례를 읽습니다.
☑ 각 사례를 읽을 때 나의 내면에서 일어나는 것에 대한 자기지각내용과 사례주인공의 생각을 빈칸에 작성해봅니다.

사례 1

핸드폰이 깨져가꼬 안절부절 못하고 저한테 갑자기 부탁을 하시는 거에요 "저 죄송한데 핸드폰이 망가져서 저 전화기 좀 빌려주실 수 있나요? 안되면 전화 부스가 어디인지 알려줄 수 있나요?" 이런 식으로 이야기 하는 거에요.

자기지각내용: ______________________________

내담자 이해 내용 : ______________________________

사례 2

늘 바쁘게 살았다. 4~5살 때, 외가에 있었는데, 엄마가 일하고 아빠랑 둘이 남았다. 그때의 나를 볼 때 아득한 느낌이 든다. 엄마도 먹고 살기 바빴고, 아빠가 술 먹고 그러니 본인이라도 벌어야 했을 것이다. 엄마는 참 좋은 사람이었고, 밖에 사람들한테도 잘 퍼줬다.

자기지각내용: ______________________________

내담자 이해 내용 : ______________________________

사례 3

지난주에 12년 키우던 개를 보냈는데, 눈물이 나지 않았다. 내가 어쩌다 이렇게 되었는지 모르겠다. 인도에 공부하러 6년을 다녀오니 이곳은 너무 많이 변했다. 예전에 친한 사람들도 연락하기 좀 그렇고, 만날 사람도 없다. 누군가한테 기대고 싶은데 그럴 대상도 없다.

자기지각내용: ____________________

내담자 이해 내용 : ____________________

2) 따라하기, 상상하기, 경청하기, 자기지각 활동을 하면서 주인공의 감정 이해하기 : 짝꿍과 같이

☑ 아래에 제시된 3가지 사례를 읽습니다.

☑ 각 사례를 읽을 때 나의 내면에서 일어나는 것에 대한 자기지각내용과 사례주인공의 정을 빈칸에 작성해봅니다.

사례 1

그~ 왜 어른들은 왜 나이가 많아지실수록 쩝쩝을 많이 쓴단 말이에요. OO야 밥 먹었니 쩝쩝쩝 이케. 근데 원래 엄마가 어느 순간부터 그걸 너무 많이 쓰기 시작하는 거에요. 그 쩝쩝쩝을. 그래서 제가 아 그것 좀 많이 쓰지 말라구 ~ 나이 들어 보인다구 그래가지고 엄마가 그 때부터 다시 안 쓰고 있어요.

자기지각내용: ____________________

내담자 이해 내용 : ____________________

사례 2

대학을 우선적으로 가고 싶어서 이 고등학교에 가서 열심히 하고 싶다. 근데 담임샘이 여기는 내신이 아깝다고도 하셨다. 가까운데가 없다. 여기가 그나마 가까워서 교통이 멀면 교통비도 들고, 몸도 힘들고 그래서.. 흥미 있는 분야도 있고 그래서 여기로 결정했다.

자기지각내용: ______

내담자 이해 내용 : ______

사례 3

콘서트에 다녀오느라 하루종일 시간이 없었어요. 오전7시에 출발해서 6시간 줄서고 저녁6시까지 돌아다녔어요. 그런데 아침에 빵 조금만 먹었는데도 여태까지 중에 속이 가장 좋고 편안했어요.

자기지각내용: ______

내담자 이해 내용 : ______

• 이 활동을 하면서 어떤 어려움이 있었습니까?

______

______

______

______

• 앞의 활동과 비교해서 무엇을 알게 되었습니까?

______

______

______

______

3. 언어 반응과 공감과정을 적용하며 상대방 이해하기

1) 이야기를 주고받으며 상대방의 생각이나 감정 이해하기 : 짝꿍과 같이

☑ 2명이 짝을 짓고 마주 봅니다.
☑ 각자 최근 자신의 상황을 두 가지를 적어봅니다.
☑ 한 사람이 먼저 자신이 작성한 상황 중 한 가지 상황을 선정해서 이야기합니다.
☑ 이야기를 듣는 사람은 언어 반응을 하며 이야기를 하는 사람의 내용을 이해하도록 노력합니다.
☑ 교대로 반복하면서 시간을 3분씩 이야기합니다.

상황 1

____

____

____

상황 2

____

____

____

• 상대방의 이야기를 들을 때 내가 이해한 내담자의 생각과 감정은?

____

____

____

____

2) 이야기를 주고받으며 자기지각을 이해하기와 표현하기 : 짝꿍과 같이

☑ 2명이 짝을 짓고 마주 봅니다.
☑ 각자 최근 자신의 상황을 두 가지를 적어봅니다.
☑ 한 사람이 먼저 자신이 작성한 상황 중 한 가지 상황을 선정해서 이야기합니다.
☑ 이야기를 듣는 사람은 언어 반응을 하며 이야기를 하는 사람의 내용을 이해하도록 노력합니다. 따라하기, 상상하기, 경청하기, 자기지각하기의 전과정을 철저하게 반복합니다.
☑ 교대로 반복하면서 시간을 3분씩 이야기합니다.

상황 1

상황 2

• 상대방의 이야기를 들을 때 내의 내면에서 일어난 것의 자기지각 내용은?

• 상대방의 이야기를 들을 때 내가 이해한 내담자의 생각과 감정은?

• 자기 생각과 감정을 상대방의 생각이나 감정과 구별하여 이해하는 것이 어땠습니까?

• 자기지각하는 것과 동시에 상대방을 이해하기는 어떤 점이 어려웠습니까?

제7장 전달하기

'전달하기'는 공감능력훈련의 마지막 단계입니다.
공감한 것을 전달하는 것은 공감의 화룡점정(畵龍點睛) 입니다. 부뚜막의 소금도 넣어야 짠맛을 낼 수 있습니다.
듣는 사람이 이야기하는 사람의 깊은 것까지 이해(공감)하더라도 전달하지 않으면 상대방이 알 수가 없습니다.
공감반응 또는 공감반영이라고도 합니다. 이 과정에는 이야기를 듣는 사람은 말하는 사람의 표정과 행동을 따라하기부터 전달하기까지 전과정을 반복적으로 훈련합니다.
정확한 공감을 전달하는 것은 상담자가 갖추어야 하는 최상의 기술이며, 내담자의 변화를 위한 기저선입니다.
제시된 순서대로 차분하게 따라가면 정확하게 공감한 것을 적절하게 전달하는 능력이 습득될 것입니다.

1. 재진술 활용하여 전달하기

1) 사례 주인공 이해하기와 이해한 내용을 전달하기 : 혼자하기

☑ 제시된 사례를 읽고 앞의 전(全) 단계를 반복하면서 재진술을 작성하세요.

사례 1

누가 나를 싫어한다고 그런 기분을 받으면.. 만약에 나를 싫어해서 나를 이렇게 혼자 내버려 두면 어쩌지.. 혼자남을 까봐 그거 때문에 무서운거 같아요.

사례 2

원래 처음에 문과였는데, 교차 지원해서 공대를 간 거거든요. 그때 사람들이 힘들 텐데 어쩌냐 이런 생각을 했어요. 근데 제가 두고 봐, 잘하고 만다! 생각했거든요. 속으로. 열심히 해서 잘하고 했거든요. 악으로 막 했죠. 그런 게 있는 거 같아요. 요새 회사에서도 막 뭔가, 신입이라서 라고 해야 하나 보여지는 성과가 없잖아요. 그래서 혼나기도 하고, 한 소리 많이 듣고 막 그래가지고 속으로 화를 못 내니까 상사한테는 솔직히 두고봐 내가 하고 만다.

사례 3

좀 이해해 주면 좋죠. 이해 안 받으면 그럼 답답하죠. 난 그런 사람이 아닌데 그런 느낌. 제 친구가 저 보고 냉혈인간이라고 <웃음> 할 때가 많아요. 저도 솔직히 냉정한 편이긴 한데.. 예를 들어서 막 어.. 영화보고 운다. 이런 거 있잖아요. 제 친구는 세 명이 제일 친한데 한명은 영화보면 거의 자고 한명은 울지도 않고, 진짜 슬픈 거 있어도 울지도 않아요. 근데 솔직히 자는 애가 제일 어리거든요? 근데 애들이 저보고 냉혈인간이라고 해요. 근데 솔직히 평소에 하는 거 보면 냉혈인간이라고 하는데 나는 그 아예 울지도 않는 그 친구가 더 냉혈인간인 거 같은 거 에요. 솔직히 너보단 내가 냉혈인간 아니지. 그래도 나는 우는데 야 맞잖아. 너 냉혈인간! 이러면 답답하죠. 난 아닌데…

• 사례 주인공의 생각을 재진술로 전달하기를 하면서 학습한 내용을 적어봅시다.

2) 이야기를 듣고 난 후 즉시 재진술로 전달하기 : 짝꿍과 같이

☑ 2명이 짝을 짓고 마주 봅니다.
☑ 각자 최근 자신의 상황을 세 가지를 적어봅니다.
☑ 한 사람이 먼저 자신이 작성한 상황 중 한 가지 상황을 선정해서 이야기합니다.
☑ 이야기를 듣는 사람은 공감훈련의 전 과정을 반복하면서 또한 재진술로 이해한 내용을 전달하도록 합니다.
☑ 교대로 반복하면서 시간을 3분씩 이야기합니다.

상황 1

상황 2

상황 3

3) 이야기를 듣고 개방형 질문을 활용하여 전달하기 : 짝꿍과 같이

☑ 2명이 짝을 짓고 마주 봅니다.
☑ 각자 최근 자신의 상황을 세 가지를 적어봅니다.
☑ 한 사람이 먼저 자신이 작성한 상황 중 한 가지 상황을 선정해서 이야기합니다.
☑ 이야기를 듣는 사람은 다양한 언어 반응을 하되 특히 개방형 질문을 하며 이야기를 하는 사람의 내용을 이해하여 전달하도록 노력합니다.
☑ 교대로 반복하면서 시간을 3분씩 이야기합니다.

상황 1

____
____
____

상황 2

____
____
____

상황 3

____
____
____

• 재진술과 개방형 질문을 활용하여 이해(공감)한 것을 전달하는 과정에서 어려웠던 점을 적어봅니다.

____
____
____
____

• 이 활동을 하면서 무엇을 알게 되었습니까?

4) 재진술과 개방형 질문은 어떤 때 하는 것인지 적어봅니다.

사고탐색을 돕는 재진술

재진술은 내담자가 이야기한 상황, 사람, 생각에 가운데 핵심적인 내용과 의미를 반복 혹은 부연하는 기술로 결정적 요인을 확인하는 방법이다. 전형적인 재진술은 내담자의 말보다 짧지만, 유사단어로 구성돼서 내담자의 말을 구체적이고 명확하게 한다. 바꿔 말하기, 다시 말하기로 표현되며 내담자의 말보다 짧지만, 가정적으로 혹은 더 직접적으로 진술한다. 상담 초기 내담자의 사고를 탐색하기 위해서 상담자는 내담자의 상황과 생각을 함축적으로 정리하여 내담자에게 돌려주는 반응을 의미한다.

재진술을 하면 내담자는 지지받고, 이해받고, 명확해지며, 자신의 부정적 사고나 행동을 지각하게 되어 정체되거나 방향감을 상실하기도 한다.

재진술 목적

- 내담자의 이야기를 명확하게 정리하기
- 초점을 맞추기
- 내담자 지지하기
- 내담자의 카타르시스를 격려하기

재진술 방법

- 내담자가 중점을 두는 것, 내딤자가 이야기하며 가징 얼중하는 듯 보이는 것, 내담자가 의문스러워 하거나 모순되어 보이는 것과 탐색 되지 않은 것에 집중한다.

- 내담자 진술 중 가장 중요한 부분을 상담자가 선택한다.
- 내담자가 말한 것의 핵심을 파악하도록 한다.
- 내담자에게 초점을 유지하며, 내담자가 거의 인식하지 못하는 수준에서 세심하게 안내하여 계속해서 말하도록 격려한다.
- 문제의 여러 부분을 하나하나 나누어 따로 집중하여 탐색하는 것은 내담자가 자신의 문제를 깊이 탐구하는 기회를 주게 된다.
- 내담자의 말을 반복하기보다는 가장 중요한 요인에 집중하여 내담자의 진술보다 짧고 간결하게 한다.
- 다른 사람의 생각이 아닌 내담자의 생각이라는 것을 강조하는 이유는 내담자 자신의 내면에 집중하도록 하게 해야 하기 때문이다.
- 상담자는 판단하지 말고, 내담자의 경험을 추측하지 않도록 한다.
- 내담자의 문제를 해결하고자 하거나 문제를 드러내려고 하지 않도록 한다.

재진술 하는 문장

- 제가 당신의 말을 들으니.......
- 그건 마치 .....처럼 들리는 군요.
- 전 ......인지 아닌지 궁금하네요.
- 당신은 ......라고 말하고 있네요.
- 그래서......
- 당신은 ..... 해야만 했군요.
- 당신은 .... 가 아니라고 하는 군요.
- ..... 한 기분이었군요.

사고탐색을 돕는 개방형 질문

개방형 질문은 내담자가 자기 생각을 명확히 하고 탐색할 수 있도록 돕는다. 특히 내담자가 새로운 문제에 관해 생각하도록 만들 때, 모순되는 생각을 풀어내도록 하며, 말이 없거나 명료하지 못한 내담자에게 구조를 제공할 때 사용한다. 또한, 회기를 시작할 때, 내담자가 갈피를 잡지 못할 때, 막연할 때, 정체되었을 때 유용하다. 개방형 질문 또한 상담자가 내담자에게 주의집중하고 경청하고 있다는 것을 보여주기도 한다. 상담자는 특정한 정보를 요구하지 않도록 해야 하고 내담자에게 “예”, “아니오” 혹은 한 두 마디의 응답으로 답하지 않게 하는 주의점이 있다.

개방형 질문을 하는 상담자의 의도는 초점 맞추기, 명료화하기, 카타르시스 격려하기, 부적절한 사고 파악하기이다.

개방형 질문이 도움이 될 때

- 폐쇄형 질문 같은 개방형 질문을 하는 경우
- 개방형 질문을 다양한 방법으로 하고자 할 때
- 많은 질문을 하는 경우
- '왜'라는 질문을 자제하고자 할 때
- 다른 사람보다 내담자에게 초점을 맞추고자 할 때
- 모든 것을 다루기보다는 문제의 한 면에 집중하고자 할 때
- 모든 질문에 목적을 부여하려고 할 때
- 내담자의 반응을 관찰하려고 할 때

개방형 질문하는 방법

- 가장 최근에 당신이 …을 생각했던 것에 관해 조금 더 말해 보세요.
- **에 관해 더 말해 보세요.
- 당신이 **에 관해 생각하는 것이 무슨 의미인가요?
- 그것에 관해 어떻게 생각하죠?
- 그것에 당신에게 갖는 의미는 무엇인가요?
- **가 무엇을 의미하죠?
- 내게 그런 경우의 예를 좀 들어주시겠어요.
- 당신이 **에 관해 생각할 때 마음속에 무엇이 떠오르나요?

2. 감정반영으로 전달하기

1) 사례주인공 이해하기와 이해한 내용을 전달하기 : 혼자하기

☑ 제시된 사례를 읽고 앞의 전(全) 단계를 반복하면서 감정반영을 작성하세요.

사례 1

정말 일 년 동안 이제 그,, 정말 제가 하고 싶은 거라든가, 그림만 엄청 그려도 보고 싶고, 놀아도 보고 싶고.. 여행도 가보고... 약간 (음) 일단 저는 그래도 약간 이번에 개학할 때. (음) 조금 약간 자신감을 가지고 가자... 그 상태에서 약간 좀... 뭐라고 그래야 되지? 애들한테 다가가는 것도 조금 더 많이 해보고...전 이렇게 했었단 말이에요. (음) 근데 이게 어...〈힘을 주며내는 소리〉 크.. 친구들이 작년에 저는 2반이었고 (음) 제 친구들도 물론 지금 3학년 올라와서 같은 반이 된 애들이 많긴 하지만, 제 친했던 애들이 한 명 빼고 ,다 다른 반에 가버렸어요.

사례 2

그럴 수도 있을 것 같아요 근데 고등학교 땐 케이스가 심해서 그 때 느꼈던 허무함, 열등감, 열등감이 컸죠. 고등학교 친구들 대상으로. 스스로 제 잘난 맛에 저도 살았죠. 그렇게 살 수 있게끔 성적이 좋다든지, 회장을 한다든지 해서 유지할 수 있었는데 누구는 ##대가고 이런 것들 때문에. 속으로는 자기 비교를 해서 열등감을 느꼈던 것 누구나 여기서 벗어나는 건 힘든 것 같아요.

사례 3

공연 끝나고 확실히 느낀게 요즘에 계속 춤 계속 하니까 스트레스 많이 풀리는 것 같은데 좀.. 최근에 대개 스트레스를 좀 받았던게 있었는데 친구의 문제 때문에 안맞는 부분인 것 같아서.. 좀 그랬었는데 제가 요즘 감정기복이 워낙 심하니까 확실히 제 스트레스의 가장 큰 원인이 대인관계 부분이 맞는 것 같아요. 아 그거랑은 좀 다른 문제였는데, 대개 좀 느낀게 확실히 좀.. 갈등 같은 게 있으면 풀어야 하는데 제가 요즘 느낀게 그 친구랑은 좀 사소한게 있으면 풀어버리는 편인데 요즘에는 너무 귀찮아가지고 그거를 회피하는 것 같아요 말안하고.

- 사례 주인공의 감정을 글로 적어서 전달하기에서 어떤 점이 어려웠는지 적어보세요.

- 사례 주인공의 감정을 글로 적어서 전달하기에서 학습한 내용을 적어보세요.

2) 상대방의 이야기를 들으면서 감정반영으로 전달하기 : 짝꿍과 같이

☑ 2명이 짝을 짓고 마주 봅니다.
☑ 각자 최근 자신의 상황을 세 가지를 적어봅니다.
☑ 한 사람이 먼저 자신이 작성한 상황 중 한 가지 상황을 선정해서 이야기합니다.
☑ 이야기를 듣는 사람은 공감훈련의 전 과정을 반복하면서 다양한 언어 반응을 하되 특히 감정반영을 하며 이야기를 하는 사람의 내용을 이해고 전달합니다.
☑ 교대로 반복하면서 시간을 3분씩 이야기합니다.

상황 1

___

___

___

___

상황 2

___

___

___

___

상황 3

___

___

___

___

상황 4

상황 5

• 감정반영과 감정개방을 활용하여 공감한 것을 전달하는 과정에서 어려웠던 점을 적어보세요.

• '전달하기' 활동을 하면서 전 공감능력훈련과정을 하는 것은 어떠하였나요?

• '전달하기' 과정을 훈련하면서 학습한 내용을 적어보세요.

감정반영의 효과

로저스는“치료를 하는 동안 눈에 띄게 변화하는 내담자들은 이전보다 자신의 고통스러운 감정과 더 가까워진다. 그러나 이와 동시에 황홀한 감정 또한 더욱 더 생생하게 느끼면서 살아가게 된다. 그리고 분노를 더 분명히 느끼지만, 사랑이란 감정 또한 그러하다. 두려움은 그들이 좀 더 깊이 아는 경험이지만 용기 또한 그러하다.”라고 말한다.

여기에서 보면 내담자를 변화로 이끄는 것은 자신이 부딪히고 싶지 않지만 늘 부딪히는 고통스러운 감정에 다다를 때다. 상담자들은 내담자들이 마주하기 힘겹지만, 이러한 감정을 내담자로부터 끌어내고 만나게 하고 재경험하게 하도록 하는 것이 상담이라는 것을 이해해야 한다.

감정반영은 상담자가 내담자의 이야기를 통해 내담자의 감정을 명확하게 파악해서 내담자의 감정을 재표현하는 것이다. 상담자는 그 감정을 내담자가 진술한 것과 같거나 유사한 단어로 비언어적 행동이나 언어적 행동으로부터 추론하기도 한다.

감정반영은 가설적으로 조심스럽게 표현하기도 하지만, 때로는 명확한 진술로 표현할 수도 있다. 상담자로부터 감정반영을 받은 내담자는 자신의 감정을 표현하거나, 부정적 생각이나 행동을 알게 되며, 자신의 감정을 명확하게 알게 되고, 책임감을 느끼게 되며, 그 감정에서 벗어나게 되고, 혹은 악화하기도 하며, 오해하기도 한다.

상담자가 되고자 훈련을 받는 초보 상담자들은 내담자의 감정을 탐색하는 기술을 학습하고 익숙하게 사용할 수 있어야 한다.

● 감정반영의 목적

내담자의 감정을 파악하기
내담자의 감정을 강화하기
내담자의 카타르시스를 독려하기
내담자의 감정을 명확히 하기
내담자에게 희망을 심어주기
내담자의 자기 통제를 독려하기

● 감정반영의 방법

감정 탐색을 위한 감정반영을 할 때 도움이 되는 단서는 다음과 같다.
기본적인 감정을 알기 위해서 경청하기

내담자에게 반영하기 위해서 가장 눈에 띄는 감정을 포착하기
한꺼번에 한 개의 감정만을 반영하기
잠정적으로 감정이입을 하고 판단 없이 감정을 진술하기
감정 강도를 맞추려고 하기
내담자가 현재 느끼고 있는 것을 반영하기
반영을 짧고 간단하게 하기
다른 사람의 감정보다 내담자의 감정에 초점 두기
반영의 형식을 다양하게 바꿔보기
감정 단어를 다른 단어로 바꿔보기

공감을 나누는 원리

- 어느 단계, 어느 과제에서든 내담자의 핵심메시지에 대한 공감을 나눈다.
- 핵심메시지를 골라 반영한다.
- 내담자의 말보다 상황에 반응한다.
- 온건한 사회적 영향 과정으로 사용한다.
- 공감을 통해 상담과정을 진척시킨다.
- 부정확한 이해의 수정 기회로 삼는다.
- 차이를 극복할 가교로 삼는다.

공감을 전달하는 전략

- 내담자의 말을 생각할 시간을 갖는다.
- 반응은 짧게 한다.
- 내담자에게 맞게 반응하되 자기 자신을 지킨다.
- 주의를 분산시키는 질문을 하지 않는다.
- 상투적인 말을 하지 않는다.
- 모든 내담자의 반응은 전문성을 갖고 목적이 있어야 한다.

반영의 정의

반영은 영어로 reflection이며 내담자의 말을 그대로 비춰준다는 의미로 사용한다. 상담자의 반응을 의미하며, 내담자의 진술에서 사건, 상황, 대상에 관한 생각과 감정을 상담자의 말로 되돌려 주는 상담기술이다. 흔히 공감적 반영이라고 한다.

반영의 목적

- 내담자가 공감받는 느낌이 들게 한다.

- 특정 상황, 사람 대상에 관한 생각과 감정을 갖게 한다.
- 내담자가 자기 생각과 정서를 명료화하게 돕는다.
- 상담에 대한 부적 감정을 표출하도록 한다.
- 다양한 감정을 변별할 수 있게 한다.

반영하는 시기
- 생각이나 감정을 더욱더 독려하고자 할 때
- 감정을 보다 강하게 돕고자 할 때
- 복합적인 감정을 변별할 수 있도록 돕고자 할 때
- 상황, 사건, 사람에 관한 생각과 감정을 인식을 돕고자 할 때
- 생각과 감정을 내담자가 인정하고 수용하여 효과적으로 관리할 수 있도록 돕고자 할 때
- 내면에 관심을 가지고 압도하고 있는 감정을 깨닫도록 돕고자 할 때

공감적 반영의 효과
- 상담관계를 신뢰롭게 한다.
- 심리적으로 함께하고 있다고 느끼게 한다.
- 깊이 이해받고 있다고 느끼게 한다.
- 진정한 정서를 인식, 경험, 표출할 수 있도록 한다.
- 복합적인 감정을 변별할 수 있게 한다.
- 압도되거나 억압된 감정을 확인하도록 한다.
- 변형된 감정의 의미를 탐색하고 통찰할 수 있도록 한다.
- 강한 정서를 경험할 기회를 제공한다.
- 정서 조절 및 관리 능력을 길러 준다.

3. 정확하게 전달하기

1) 이야기를 들으면서 공감반응으로 정확하게 전달하기 :짝꿍과 같이

☑ 2명이 짝을 짓고 마주 봅니다.
☑ 각자 최근 자신의 상황을 두 가지를 적어봅니다.
☑ 한 사람이 먼저 자신이 작성한 상황 중 한 가지 상황을 선정해서 이야기합니다.
☑ 이야기를 듣는 사람은 공감훈련의 전 과정을 반복하면서 다양한 언어 반응을 하되 특히 감정반영을 하며 이야기를 하는 사람의 내용을 이해고 전달합니다.
☑ 전달한 공감반응이 정확한지 이야기하는 사람은 분명한 피드백을 주어서 정확한 공감반응을 하도록 합니다.
☑ 교대로 반복하면서 시간을 3분씩 이야기합니다.

상황 1

상황 2

• 이야기하는 사람은 이야기를 듣는 사람으로부터 정확한 공감을 받았을 때 어땠나요?

• 이야기를 듣는 사람이 이야기하는 사람으로부터 피드백을 받았을 때 어땠나요?

정확한 공감

공감은 상담자가 내담자의 입장을 주관적으로 이해하는 것이므로 정확해야 한다. 혹 상담자가 내담자의 생각과 감정을 공감하여 반응할 때 정확할 수도 혹은 부정확할 수 있다는 것을 이해해야 한다. 부정확하면 내담자가 대부분은 그렇지 않다고 하지만, 내담자의 특성에 따라서는 다른 사람을 맞추려고도 한다. 이렇게 되면 상담자가 내담자의 생각이나 감정을 방향을 좌지우지하게 될 수도 있으므로 내담자에게 확인하는 절차를 따르도록 하는 것도 필요하다.

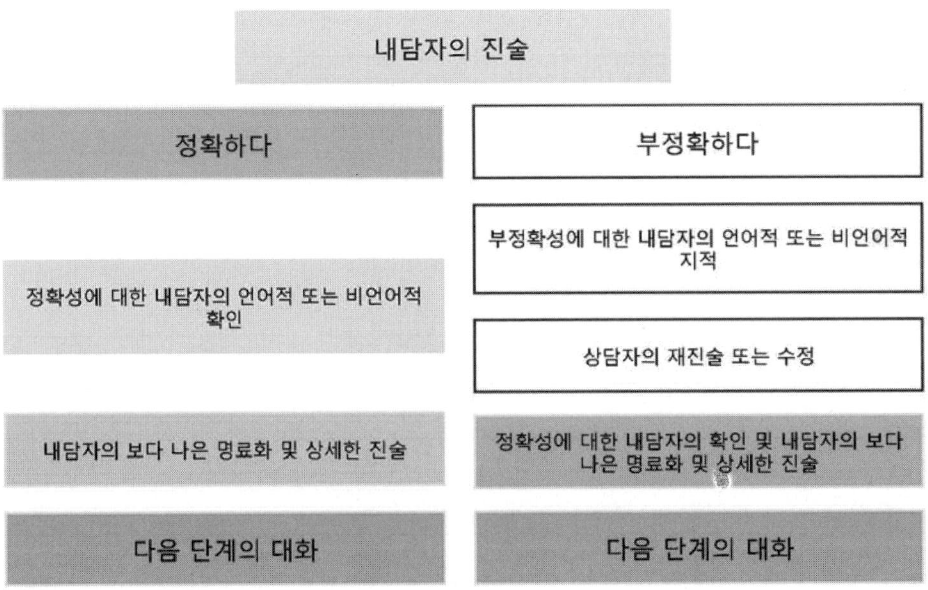

❁ 공감능력훈련을 하고 난 소감을 적어보세요.

• 유익한 점이나 도움이 되었던 점을 자세하게 적어봅시다.

• 수정했으면 하는 점을 구체적으로 적어봅시다.

참고문헌

권해수, 이지연 (2006). **3급 청소년상담사 국가자격연수 청소년개인상담**. 한국청소년상담원.

노안영(2018). **상담심리학의 이론과 실제 2판**. 서울; 학지사.

박성희(2010). **공감학 -어제와 오늘-**. 서울; 학지사.

반신환(2010). 거울뉴런(Mirroring Neurons)에 근거한 공감훈련의 원리. ***신학과 실천 24(2)***, 87-108.

양보혜, 유형근, 조용선(2009). 초등 영재를 위한 공감훈련 프로그램 개발. ***상담학연구. 10(2)***, 1181-1200.

이광열, 최재호, 송주영, 전주희(2013). 학교폭력 가해보호관찰 청소년의 재범예방을 위한 프로그램의 효과 : 공감능력 향상 프로그램을 중심으로. ***보호관찰, 13(2)***, 249-274.

이수현, 서영석, 김동민(2007). 상담자 활동 자기효능감 척도 국내 타당화 연구. ***한국심리학회지: 상담 및 심리치료. 19(3)***, 655-673.

이장호, 이동귀(2014) 상담심리학 제5판. 서울; 박영사.

정진옥, 김수(2019). 간호대학생을 위한 공감교육 프로그램이 공감능력, 대인관계능력 및 돌봄에 미치는 효과. 한국간호교육학회지. 25(3), 344-356.

교육부 공식 블로그(2020). https://if-blog.tistory.com/5303

사단법인 한국상담학회 윤리강령 (2019). http://www.counselors.or.kr

상담심리사 윤리강령(2019). http://www.krcpa.or.kr

국가직무능력표준 (2020). NCS.go. kr/NCS 및 학습모듈검색/사회복지·종교/02상담/03심리상담/01심리상담/상담자훈련.

청소년상담사윤리강령(2019). http://www.youthcounselor.or.kr

Carl R. (2007). **A Way of Being, Revised Edition.** (주은선 역). 서울; 학지사 (원저 1980출판).

Clara Hill (2012). **Helping Skills : Facilitating Exploration, Insight, and Action(3rd).** 주은선 역. 서울; 학지사.

Barrett-Lennard, G. T. (1981). The empathy cycle: Refinement of a nuclear concept. ***Journal of Counseling Psychology, 28(2)***, 91-100.

Corey M, S. & Corey G.(2004). **Becoming a Helper 4th Edition.** 이은경, 이지연 역.(원저2003).

Davis M. H. (1994). Empathy : **A Social Psychological Approach.** Madison, Wis : Brown & Benchmark Publishers.

Egan G. (2008). **Essentials of Skilled Helping: Managing Problems, Developing Opportunities.** 제석봉 역. 서울 : ㈜시그마프레스.

Egan G. (2016). The Skilled Helper, International Edition 9th Edition. 제석봉, 유계식, 김창진 역. 서울: 학지사 (원서2010 출판)

Egan G. (2016). **Exercises in Helping Skills 9th Edition.** 서미진 역. 서울 ; 학지사.

Faver, C. A.; Alanis, E. (2012). Fostering empathy through stories: A pilot program for special needs adoptive families. ***Children and youth services review. 34(4),*** 660-665.

Gelso C. J. Carter J. A.(1994). Components of the psychotherapy relationship: Their interaction and unfolding during treatment. **Journal of counseling psychology. 41(3)**, 296-306.

Krznaric R. (2014). **Empathy : A Handbook for Revolution**. 김병화 역. 서울; 더퀘스트.

LaMonica, E. L., Carew, D. K., Winder, A. E., Haase, A. M. B., & Blanchard, K. H. (1976). Empathy training as the major thrust of a staff development program. ***Nursing Research, 25(6)***, 447-451.

Lent, R. W., Hill, C. E. Hoffman, M. A. (2003). ***Journal of Counseling Psychology, 50(1***), 97-108.

Richard Nelson-Jones (2017). **Basic Counseling Skill: A Helper's Manual, 4th Edition.** 김성봉 역 . 서울. 시그마프레스. (원서 2016 출판).

Watson J. C. &Greenberg L. S. (2009). **Empathic resonance: A neuroscience Perspective**, in The Social Neuroscience of Empathy, ed. Joan Decety & William Ickes, Cambridge Press, 125-137.

■ 박관성

- 청소년상담사 1급(2004), 상담심리사 1급(No.313/한국상담심리학회)
- 한국청소년상담원(現 한국청소년상담복지개발원) 상담직 역임
- 現 국민대학교 교육대학원 상담심리전공(야) 교수

누구나 필요한 * 공감능력 훈련워크북

인 쇄	2020년 3월 18일
발 행	2020년 3월 30일
저 자	박 관 성
발 행 인	임 홍 재
발 행 처	국민대학교 출판부
주 소	서울시 성북구 정릉로 77
전 화	02-910-4242
팩 스	02-910-4240
등록년월일	1975년 6월 17일
등 록 번 호	제6-33호
인 쇄	삼아인쇄사 (02)2272-2126

ISBN 978-89-7812-459-1 (93180) 가격 14,000원

국립중앙도서관 출판예정도서목록(CIP)

이 도서의 국립중앙도서관 출판예정도서목록(CIP)은 서지정보유통지원시스템 홈페이지(http://seoji.nl.go.kr)와 국가자료종합목록 구축시스템(http://kolis-net.nl.go.kr)에서 이용하실 수 있습니다.

(CIP제어번호 : CIP2020010114)